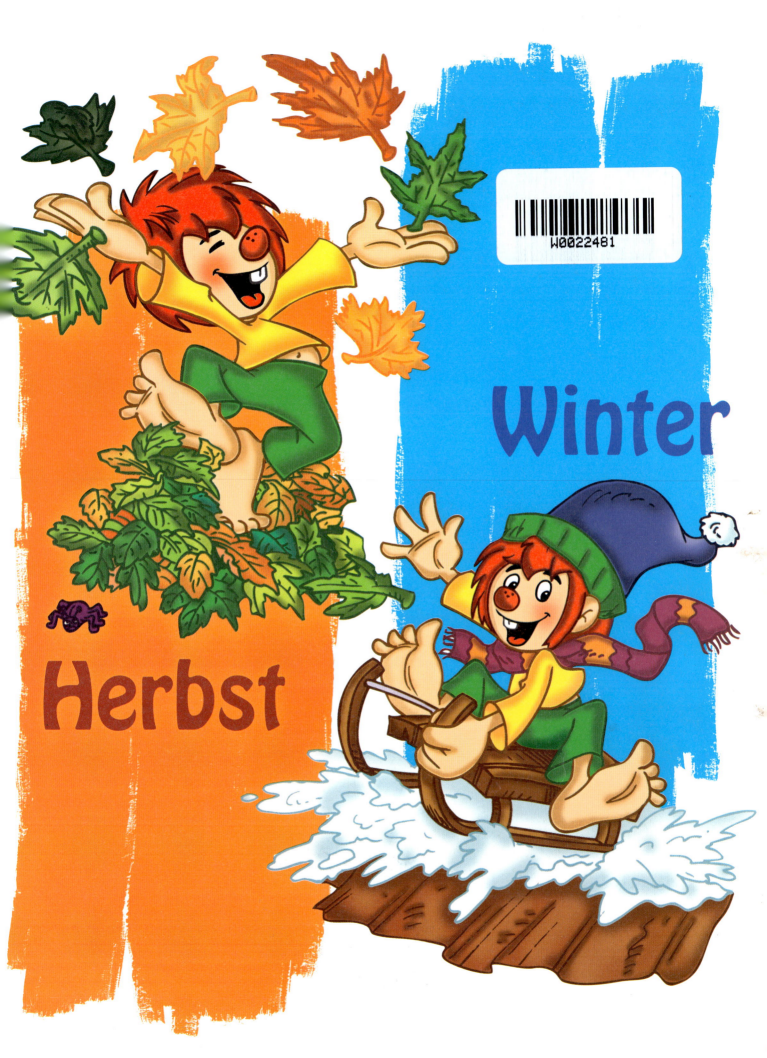

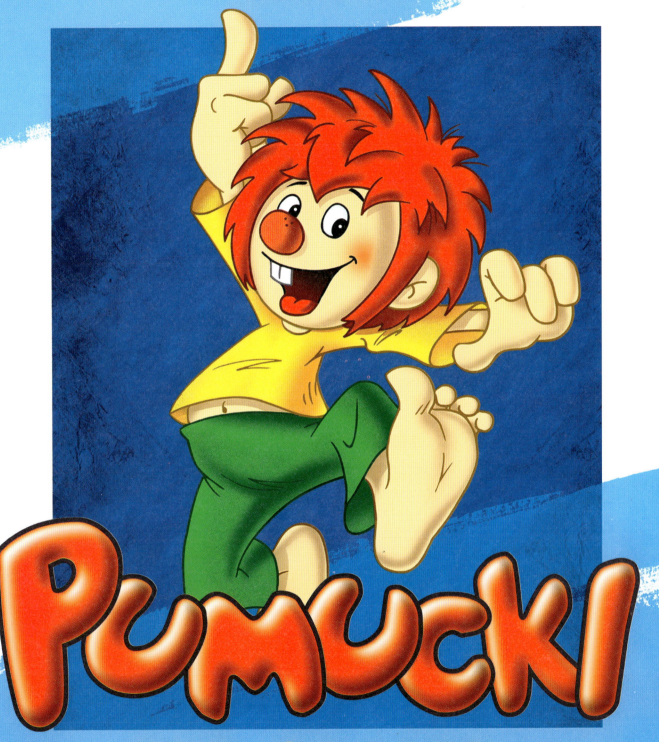

PUMUCKL
DER GROSSE SCHLAUBAUTERSPASS

Inhalt

Pumucki und der Gartenzwerg Bildergeschichte	8
Da stimmt was nicht Suchbild mit Pumucki	32
Zeit für Party Feiern wie ein Klabauter!	34
Pumucki und die Maikäfer Comic	58
Coole Schlaubautersprüche	62
Pumucki und das eigene Zimmer Bildergeschichte	64
Pumucki Viele tolle Klabauterjahre	76
Noch mehr coole Schlaubautersprüche	82
Pumucki und der Drachen Comic	84
Pumucki und die Fische Bildergeschichte	88
Pumucki auf der Ritterburg Comic	100
Schlaubauter-ABC	104

Zeit für Party – feiern wie ein Klabauter!

Was gibt es Schöneres als mit den besten Freunde Partys zu feiern? Nichts. Und wer möchte nicht gerne Feste feiern und Schabernack treiben wie ein richtiger Kobold? Jeder natürlich. Wir haben die besten Partytipps und Rezepte für eine richtig coole Klabauterparty zusammengestellt.

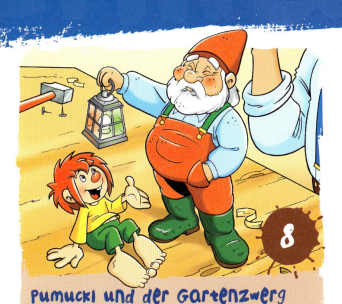

Pumuckl und der Gartenzwerg

Etwas Schlimmes ist passiert: Meister Eder hat einen Gartenzwerg geschenkt bekommen. Und Pumuckl hasst Gartenzwerge! Nachdem der Gartenzwerg durch einen dummen Zufall zu Bruch geht, taucht leider ziemlich schnell ein neuer Gartenzwerg auf. Ob sich Pumuckl mit ihm anfreunden kann?

Pumuckl und das eigene Zimmer

Auch Pumuckl möchte gern ein Zimmer für sich haben, um mal die Tür hinter sich zumachen zu können. Nachdem er Meister Eder lange genug genervt hat, bauen die beiden zusammen ein Zimmer für Pumuckl. Als Eder unerwartet Besuch bekommt, wundert der sich doch ziemlich über die merkwürdigen Möbel in Eders Werkstatt …

Pumuckl und die Maikäfer

Eigentlich will Eder im Biergarten nur in aller Ruhe sein Bier trinken und die laue Abendluft im Mai genießen. Als Pumuckl auf Maikäferjagd geht, ist es mit der Ruhe vorbei.

Pumuckl und die Fische

Meister Eder verspricht Frau Steiner aus dem Vorderhaus, eine Woche lang auf ihre Fische und den Kanarienvogel aufzupassen, während sie im Urlaub ist. Unvorsichtigerweise erzählt Meister Eder Pumuckl davon …

Pumuckl – viele tolle Klabauterjahre

Pumuckl ist jetzt 40 Jahre alt. Auch wenn man es ihm gar nicht ansieht. Erfunden hat ihn vor 40 Jahren die Münchner Schriftstellerin Ellis Kaut. Hier gibt es einen Überblick, was der Pumuckl in den letzten 40 Jahren so alles getrieben hat in Büchern, Hörspielen und Filmen.

Pumuckl und der Gartenzwerg

Pumuckl bekommt unerwartete Konkurrenz – ein Gartenzwerg macht sich auf dem Fensterbrett von Meister Eders Werkstatt breit. Der Zwerg ist das Geschenk einer Nachbarin. Auf solche Geschenke kann Pumuckl getrost verzichten. Er findet Gartenzwerge doof. Aber vielleicht kann er sich ja doch mit ihm anfreunden?

Pumuckl und der Gartenzwerg

Meister Eder war in der Nachbarschaft wegen seiner Freundlichkeit und Hilfsbereitschaft sehr beliebt. Dass er sich einbildete, einen Kobold zu haben, hatte sich in der Nachbarschaft längst herumgesprochen und man hielt das einfach für eine liebenswerte Spinnerei des alten Schreinermeisters. Es war Frau Langenschmid, die in die Werkstatt kam, um einen Hängeschrank anfertigen zu lassen. Als sie dort die Schaukel hängen und nicht weit davon das kleine Bettchen stehen sah, lachte sie. »Wie nett das ist, sitzt denn da jetzt Ihr Kobold drin?« Dabei stupste sie leicht an die Schaukel. Wahrheitsgemäß antwortete Eder: »Nein, im Moment nicht.« Verständnisvoll lachte Frau Langenschmid noch einmal. »Ich mag Spielsachen auch gern und denk mir Geschichten dazu aus.« Dabei sah sie Eder prüfend an. »Wissen Sie, wenn Sie Spaß an so etwas haben – ich habe da auch eine Art Kobold für Sie. Auf meinem Speicher steht noch ein Gartenzwerg.« Sie sah sich um und deutete dann auf die Geranien. »Der passt herrlich in Ihre Geranien.« Und bevor Eder sie daran hindern konnte ging sie, um das gute Stück zu holen.

Pumuckl und der Gartenzwerg

"Ein Kobold, ein ... ein Gartenzwerg!!" Der Pumuckl bekam kaum noch Luft vor Wut. "Gartenzwerge sind das Allerdümmste auf der ganzen Welt! Warum hast du das der Frau nicht gesagt!?" "Aber Pumuckl, Frau Langenschmid wollte mir doch nur eine Freude machen." Meister Eder konnte den Pumuckl kaum mehr beruhigen, und dass das von Frau Langenschmid nur gut gemeint war, sah der Kobold schon überhaupt nicht ein.
Und tatsächlich brachte Frau Langenschmid kurz darauf den Gartenzwerg, der nicht einfach nur dastand, sondern eine kleine Schubkarre schob. Sie stellte ihn eigenhändig zwischen die Geranien und meinte fröhlich: "Richtig nett schaut er hier aus. Da hat er es besser als bei mir auf dem Speicher." Liebevoll rückte sie ihn noch ein bisschen zurecht und verabschiedete sich dann.

Pumuckl und der Gartenzwerg

Der Pumuckl war außer sich. Er kletterte durchs offene Fenster zwischen die Geranien und sah sich den Gartenzwerg genau an. »Was will der denn mit einem Schubkarren in unseren Blumen!«, schnaubte er verächtlich. Meister Eder zuckte mit den Schultern und sagte etwas ungeduldig: »Führ dich nicht so auf, Pumuckl. Der Zwerg lacht doch ganz lieb und stört keinen.« »Keinen!«, fauchte der Pumuckl, »Bin ich vielleicht niemand?!«
Doch bevor der Kobold noch so richtig schimpfen konnte, kam ein Kunde herein, der einen Stuhl abholen wollte. Eder warf dem Pumuckl einen warnenden Blick zu und begrüßte den Kunden, Herrn Winkler.
Gerade als Herr Winkler seinen Stuhl hochnehmen wollte, krachte es laut – der Gartenzwerg lag zerbrochen am Boden. »Herrgott noch mal, ich hab dir doch gesagt …«, fing Eder an zu schimpfen. Herr Winkler schaute verwirrt, denn er dachte, das Schimpfen gelte ihm. Etwas betreten entschuldigte er sich. »Ich hab gar nicht gemerkt, dass ich da hingekommen bin«, sagte er und versprach, sofort einen neuen Gartenzwerg zu kaufen. Eder wehrte heftig ab, doch Herr Winkler bestand darauf, den wie er meinte von ihm angerichteten Schaden zu ersetzen.

Pumuckl und der Gartenzwerg

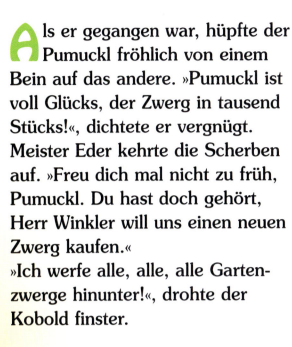

Als er gegangen war, hüpfte der Pumuckl fröhlich von einem Bein auf das andere. »Pumuckl ist voll Glücks, der Zwerg in tausend Stücks!«, dichtete er vergnügt. Meister Eder kehrte die Scherben auf. »Freu dich mal nicht zu früh, Pumuckl. Du hast doch gehört, Herr Winkler will uns einen neuen Zwerg kaufen.«
»Ich werfe alle, alle, alle Gartenzwerge hinunter!«, drohte der Kobold finster.

Pumuckl und der Gartenzwerg

Am nächsten Tag kam Frau Langenschmid noch einmal, um noch etwas wegen der Abmessung ihres Hängeschranks zu besprechen. Als sie sah, dass der Gartenzwerg fehlte, musste Eder ihr notgedrungen erzählen, dass da einem Kunden leider ein Missgeschick passiert sei.
»Ach, das ist nicht schlimm«, tröstete Frau Langenschmid den Schreinermeister. »Ich habe noch einen im Speicher und zwar einen mit Angel. Wissen Sie«, fuhr sie fort, »mein Vater hatte nämlich einen Schrebergarten und da standen ein paar Gartenzwerge herum.« Dann ging sie los, um den Zwerg von ihrem Speicher zu holen.
Verblüfft sah der Pumuckl ihr nach. »Was soll der denn in unseren Geranien angeln?« Er stemmte die Arme in die Seite. »Ich glaube, dass ich mir eher den Zwerg angeln werde!«
Und tatsächlich kam Frau Langenschmid schon nach kurzer Zeit mit dem Gartenzwerg samt Angel zurück und stellte ihn auf das Fensterbrett. Eder bedankte sich höflich und brachte die Frau zur Tür.

Pumuckl und der Gartenzwerg

Nachdem er sie hinter ihr geschlossen hatte, versuchte er noch einmal, den vor Verachtung schnaubenden Pumuckl zu beruhigen: »Schau, es ist ja so lieb gemeint, lass den Gartenzwerg halt einfach in Ruhe! Er tut dir doch nichts.«
Der Kobold schüttelte seinen roten Schopf. »Ich meine es auch nur lieb, wenn ich den Zwerg hinunterwerfe!«, und damit sprang er auf den Zwerg zu. Doch der Schreinermeister war schneller. Er packte den Pumuckl mit beiden Händen. Leider drehte er sich dabei so ungeschickt, dass er mit dem Ellbogen den Gartenzwerg streifte! Mit einem dumpfen Laut fiel der Zwerg hinunter und lag in Scherben am Boden.
»Das war ich nicht, das warst du Wicht!«, sang der Pumuckl schadenfroh und dichtete gleich weiter:
»Zwischen den Geranien
hier und auch in Spanien
fällt – du wirsts kaum ahnien
jeder Zwerg hinanien.«
Seufzend holte Eder Schaufel und Besen. »Oje, wie erkläre ich das nur Frau Langenschmid«, murmelte er, während er alles aufkehrte. Der Pumuckl aber war äußerst vergnügt und sang weiter vor sich hin.

21

Pumucki und der Gartenzwerg

Jedoch nicht lange, denn Herr Winkler kam über den Hof und hatte ein großes Paket unter dem Arm. Er kam in die Werkstatt und legte das Paket auf den Tisch.
»Leider gab es keinen Gartenzwerg mit Schubkarre mehr«, bedauerte er und packte es aus. »Aber diesen mit Laterne finde ich auch recht hübsch«, sagte er dann und stellte den Zwerg vor Eder auf. »Die Laterne leuchtet, sie hat eine kleine Batterie, die man hier anstellen kann«, erklärte er fast ein bisschen stolz und zeigte auf einen kleinen Schalter. Gemeinsam setzten er und der Schreinermeister den Zwerg in den Geranienkasten. Herr Winkler schien sehr zufrieden und verabschiedete sich. Meister Eder, der sich ausmalen konnte, was ihm von seinem Kobold bevorstand, bedankte sich so herzlich, wie es ihm unter diesen Umständen möglich war.

Pumuckl und der Gartenzwerg

Als Herr Winkler gegangen war, waren die drei allein miteinander: Meister Eder, der Pumuckl und der Gartenzwerg. Sie schwiegen. Nach einer Weile kratzte sich der Pumuckl am Kopf, dann stippte er mit dem Finger an die Laterne und fragte: »Leuchtet die wirklich?« Eder nickte und knipste den kleinen Schalter an. Die Laterne leuchtete, und zwar in zwei Farben, grün und rot. Da vergaß der Pumuckl allen Zorn auf Gartenzwerge. Er setzte sich direkt unter die kleine Laterne und kicherte, als sie ihm rot und grün ins Gesicht leuchtete.

»Weißt du«, sagte Pumuckl nach einer Weile zu Eder, »eigentlich ist der Gartenzwerg ganz lieb. Die Mütze ist ein bisschen dumm, aber der Bart steht ihm recht gut.«

»Na, dann kann ich dich ja mit ihm allein lassen«, meinte Eder erleichtert und ging nach oben, um das Abendessen herzurichten. Der Kobold blieb neben dem Gartenzwerg unter der Laterne sitzen und beschloss, ein Gartenzwerglaternenlichtgedicht zu machen.

Pumuckl und der Gartenzwerg

Leider lockte das kleine Licht auch die Buben Klaus und Lothar an. Sie hatten es von ihrem Balkon aus gesehen und wollten wissen, was das war. Neugierig liefen sie hinunter. Inzwischen stand der Zwerg wieder zwischen den Geranien. Weil die beiden nicht groß genug waren, um auf den Blumenkasten schauen zu können, hob Klaus seinen Freund Lothar hoch. Lothar hatte den Zwerg gerade erst in der Hand, als er das Gleichgewicht verlor und zusammen mit Klaus auf die Erde plumpste. Leider hatte er dabei den Gartenzwerg nicht losgelassen, und so lag der jetzt zerbrochen am Boden. Erschrocken rannten beiden Buben davon, so schnell sie nur konnten.

Pumuckl und der Gartenzwerg

Durch den Krach aufmerksam geworden, kam Eder herunter. »Pumuckl!«, rief er. Da sah er, dass der kleine Kerl weinend vor den Scherben hockte.

»Das war der erste und einzige Gartenzwerg, den ich mochte«, schluchzte er und erzählte Eder von den beiden Kindern. Doch auch der Schreinermeister konnte nichts machen, selbst wenn er die Buben suchen würde, könnte das den Gartenzwerg nicht mehr reparieren. Eder bückte sich, um die Scherben aufzuheben und berührte dabei das Lämpchen. Es leuchtete auf!

»Es leuchtet noch!«, rief der kleine Kobold glücklich und hob die kleine Laterne auf.

»Kannst du den Gartenzwerg vielleicht wieder zusammenleimen? Du hast doch den Leimtopf«, fragte er hoffnungsvoll.

Eder sah sich die Scherben an.

»Hm ... wir können es ja versuchen. Wenn du mir dabei hilfst!?«

29

Pumuckl und der Gartenzwerg

Da sammelte der Pumuckl so ordentlich wie noch nie in seinem Leben alle Scherben des Zwergs ein und trug sie mit dem Schreinermeister zusammen in die Werkstatt. Und wirklich: Eder klebte nun Stück für Stück zusammen und der Pumuckl half ihm dabei, indem er die einzelnen Stücke fest aneinander drückte und sie so lange hielt, bis sie richtig klebten. Als sie fertig waren, konnte der Zwerg seine Laterne wieder festhalten und war fast so schön wie vorher.

Doch jetzt stellten sie den Zwerg nicht mehr in die Geranien, das erschien dem Pumuckl zu gefährlich. Sie stellten ihn ins Wohnzimmer in eine dunklere Ecke. »Damit ihn nicht jeder sehen kann«, meinte Eder.

»Nein, damit ihn niemand mehr hinunterwerfen kann!«, sagte der Pumuckl und fand die Zipfelmütze des Gartenzwergs gar nicht mehr so dumm.

Na, was soll denn das? Zweimal dasselbe Bild? Von wegen. Es handelt sich um Original und Fälschung. Bei dem Bild auf der rechten Seite hat der Fälscher aber einige Fehler gemacht. Kannst du feststellen, wo die Unterschiede sind? Ein paar Unterschiede sind einfach zu sehen, ein paar andere sind allerdings so klitzeklein, dass sie ganz schön schwer zu erkennen sind. Nicht verzagen, du musst ja nicht alle Unterschiede herausfinden. Die Auflösung findest du auf der rechten Seite, allerdings musst du dazu das Buch umdrehen. Wehe, du machst es vorher!

Fälschung

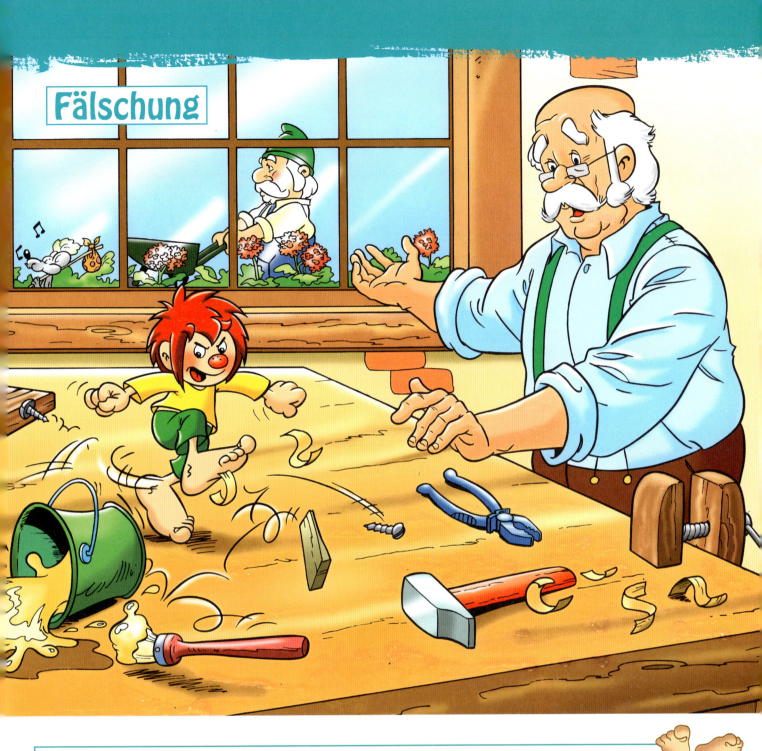

D er Fälscher hat vergessen, Pumuckl Zähne zu zeichnen. Außerdem fehlt unter seiner Armbeuge der Hobelspan. Eders Hosenträger haben die falsche Farbe, ein Knopf seines Hemds fehlt, ebenso eine Sorgenfalte über der rechten Augenbraue und der Nagel seines Zeigefingers. Auf der Werkzeugbank stimmt so einiges nicht. Die Halterung der Pinselborsten hat die falsche Farbe, ein kleiner Leimspritzer über den Borsten fehlt, ebenso ein Hobelspan unter dem Hammer. Der rote Stil am Hammerkopf ist nicht zu sehen, ebenso wenig der Kopf der Schraube bei der Schraubzwinge. Am Fensterrahmen fehlen über Eders Armbeuge ein paar Flecken und der Gartenzwerg in den Geranien trägt eine grüne statt einer roten Mütze. Zum guten Schluss: Bei der pfiffigen Maus in den Geranien hat der Fälscher eine Musiknote vergessen.

Auflösung

Zeit für Party

Was gibt es Schöneres als mit den besten Freunde Partys zu feiern? Nichts. Und wer möchte nicht gerne Feste genießen und Schabernack treiben wie ein richtiger Kobold? Jeder natürlich. Wir haben uns für dich ein wenig umgehört und sind nach langer Suche auf die Partynotizen eines Kobolds gestoßen. Das war gar nicht so einfach, denn seine Unterlagen waren klabautermäßig in einer Schatztruhe im Wasser versteckt! Ganz durchweicht waren die Kritzeleien. Einige waren sogar mit Seetang bedeckt! Wir haben die geheimen Klabauterschriften für dich getrocknet, entziffert und neu aufgeschrieben. Lass dich überraschen!

So machst du es richtig: der Partycountdown

Gute Planung ist der halbe Erfolg. Wer eine tolle Party feiern möchte, auf der sich alle Gäste wohl fühlen, sollte gut vorbereitet sein. Am besten, du machst mit deinen Eltern eine Liste.

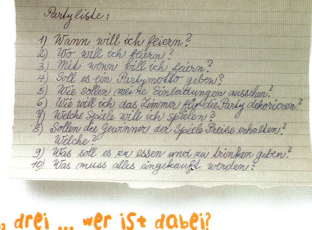

Eins, zwei, drei ... wer ist dabei?

Ja, wen willst du denn überhaupt einladen? Auch hier leistet eine Liste gute Dienste. Schreib alle Freunde auf, die du auf deiner Party haben magst. Achte darauf, dass die Leute, die du am liebsten hast, ganz oben auf der Liste stehen. Es kann ja sein, dass man nicht alle einladen kann, die man einladen will. Zum Beispiel, wenn du mit deinen Eltern in einer kleinen Wohnung lebst oder, wenn die Party wegen der Jahreszeit und dem Wetter nicht draußen stattfinden kann. Wenn du zu viele Namen auf deiner Liste hast, fängst du einfach von unten nach oben auf deiner Liste zu streichen an, bis nur so viele Leute übrig bleiben, wie du aus Platzgründen einladen kannst.

Feiern wie ein Klabauter

Ja wie denn, was denn, wo denn?

Was muss drauf auf eine Einladungskarte? Ort, Zeit und Motto der Party müssen auf den Karten vermerkt sein. Ein einfacher Einladungstext könnte so lauten: Liebe Monika, ich lade dich hiermit herzlich zu meiner Geburtstagsparty am 21.01.2002 ein. Das Motto der Party ist »Dschungel«. Es wäre schön, wenn du verkleidet kommst. Wir feiern bei mir zu Hause ab 14 Uhr. Dein Markus.

Wenn du es ein bisschen knifflig machen willst, dann haben wir auch einen Tipp für dich. Verfasse deine Geburtstagseinladungen doch als Rätsel! Nur, wer das Rätsel entschlüsseln kann weiß, wann und wo du feiern wirst. Achte aber unbedingt darauf, dass das Rätsel nicht zu schwierig ist, sonst stehst du auf der Party alleine da! Ein Beispiel gefällig? »Meine Party steigt am siebenten Tag der nächsten Woche. Komm zu mir am Nachmittag um soviel Uhr, wie ich Geschwister hab!«

Noch spannender ist ein Spionagecode, den du auf einem Extrazettel für alle deine Gäste kopierst und den Einladungen beilegst, denn die sind natürlich im Spionagecode geschrieben.

Ein Beispiel:
A=Z; B=Y; C=X; D=W; E=V; F=U; G=T;
H=S; I=R; J=Q; K=P; L=O; M=N; N=M;
O=L; P=K; Q=J; R=I; S=H; T=G; U=F;
V=E; W=D; X=C; Y=B; Z=A;

Oder: A=1; B=2; C=3; usw.

Du kannst auch ganz willkürliche Buchstaben-, Wörter- und Zahlencodes erfinden:

A=Meister Eder; B=Klabauter; C=Pumuckl;
D=meine Oma; usw.

Soviel zum Inhalt der Einladungskarten. Ein schnödes weißes Blatt mit einem Einladungstext ist aber noch keine richtige Einladung. Sie sollte auch optisch was hermachen. Was du mit Papier, Kleber, Schere und ein paar Dingen aus Haushalt und Natur so alles machen kannst, um deinen Einladungskarten den richtigen Pfiff zu geben, erfährst du auf den nächsten Seiten.

Lieber eine smarte Karte

Klebriges Klebezeug

Als richtiger Koboldfan verschickst du bunte und ausgefallene Einladungen, die mit lustigen Extras bemalt und beklebt sind. Du brauchst dafür buntes, dickes Papier, das du auf Postkartengröße zuschneidest. Überlege dir vorher: Möchtest du, dass alle Einladungen dieselbe Farbe haben oder ist es schöner, wenn jeder deiner Freunde eine andersfarbige Einladung erhält?
Jetzt suche dir Dinge, die du auf die Einladungskarten kleben kannst. Dafür könntest du bunte Papierschnipsel, Zeitschriftenausrisse, Klebebildchen oder Ähnliches verwenden. Geeignet sind auch Dinge aus der Natur: Blätter, flache Steinchen, Gräser. Oder du nimmst Dinge aus dem Haushalt: Wattebällchen, Knöpfe, Bindfäden.
Geschickt wäre es, wenn die Dinge, die du auf die Einladungen klebst, mit deiner Party in Verbindung stehen: Konfetti für eine Faschingsparty, Wattebällchen, die wie Schneeflocken angeordnet sind, für ein Fest im Winter, Muscheln für das sommerliche Grillereignis am Seeufer. Achtung, das Wichtigste darf nicht vergessen werden! Die Informationen zu Ort, Zeit und Motto deiner Party kommen auf die Rückseite der Karten.

Wenn es draußen stürmt und schneit ...

... ist eine Schneemann-Einladung die richtige Sache. Bastle dir drei Schablonen mit verschieden großen Kreisen. Zeichne von jeder Kreisgröße so viele Kreise auf ein weißes Papier, wie du Einladungen verteilen willst. Dann schneide die Kreise aus und klebe sie – die kleinste Kugel oben, die dickste Kugel unten – auf deine Partyeinladungen aus dem dicken Papier. Die weißen Kugeln malst du dann nach Lust und Laune an. Deine Schneemänner könnten zum Beispiel Grimassen schneiden oder vielleicht ein cooles T-Shirt tragen. Vielleicht malst du ihnen auch Winterstiefel? Vergiss aber bei der Bastelei nicht, auf die Rückseite der Einladung Ort und Zeit für deine Winterparty zu notieren.

Feiern wie ein Klabauter

Wenn es im Fasching oder im Karneval klabautert

... dann muss eine echte Flaschenpost-Einladung her! Echte Kobolde halten das für eine tolle Idee, weil sie da ganz viel Limonade trinken dürfen – irgendwoher müssen die Flaschen für die Flaschenpost ja kommen. Am besten sind kleine Plastikflaschen zu 0,3 Litern, weil die nicht zerbrechen können. Leg sie in warmes Wasser und zieh die Werbeetiketten des Herstellers ab. Jetzt hast du eine neutrale Plastikflasche, die du mit wasserfesten Markern bemalen oder mit buntem Papier oder Stoff bekleben kannst. Auf einen Extrazettel schreibst du dann deine Botschaft, die Partyeinladung. Rolle die Einladung zusammen und binde sie in der Mitte mit einer Paketschnur ab. Steck die zusammengerollte Botschaft in die Flasche und lass dabei die Schnur aus dem Flaschenhals hängen. Schraube die Flasche mit dem Schraubverschluss zu und binde die Schnur mit einer Schleife an den Flaschenhals! Jetzt können deine Freunde ihre geheimnisvolle Flaschenpost ohne Probleme aus der Flasche ziehen.

Die Knospen schießen, die Bäume schlagen aus!

Und weil das so gefährlich klingt, versüßt du deinen Freunden den Frühlingsanfang mit einer Party, zu der du am besten mit einer stimmungsvollen Frühlingskarte einlädst. Wie wäre es mit einer selbst gebastelten Blume als Einladungskarte? Schneide aus farbigen Tonpapierbögen verschieden große Blüten aus und klebe sie so aufeinander, dass eine große bunte Blüte entsteht wie auf dem Bild links. Auf die Rückseite der Blüte schreibst du in Spiralform, wann und wo deine Party steigt.

Die Wald- und Wiesengeister rufen!

Wer im Sommer Partyeinladungen verschickt, der hat jede Menge Möglichkeiten, die Karten der Jahreszeit entsprechend zu dekorieren. Geh einfach mal einen Nachmittag mit deinen Eltern in den Wald oder in den Park und sammle alles, was dort von Bäumen und Büschen fällt: Beeren zum Trocknen, Blätter, Zweiglein oder schöne Gräser. Deine Mitbringsel klebst du auf kräftiges Papier. Jetzt musst du nur noch auf der Rückseite vermerken, wann und wo du feierst, dann kannst du die selbst gebastelte Botschaft der Wald- und Wiesengeister an deine Gäste verteilen.
Im Herbst haben die Blätter besonders schöne Farben. Du kannst sie pressen und auf deine Einladungskarten kleben, du kannst sie aber auch mit Wasserfarben anmalen und einen Abdruck von den bemalten Blättern auf die Karte stempeln.

Dekoration – das ist schön!

Wenn du eine Party planst, ist es immer lustig, sich den Jahreszeiten anzupassen. So, wie du deine Gäste zum Beispiel im Winter mit Schneemann-Einladungen oder ähnlich winterlichen Ideen in Stimmung bringen kannst, kannst du dir auch etwas Winterliches für den Partyraum überlegen. Denk mal nach: Was ist typisch für die kalten Monate? Eis? Schnee? Schneebälle? Auf jeden Fall! Aber in Echt ist das natürlich nicht so genial, weil Schnee ziemlich schnell schmilzt und hässliche Wasserflecken macht. Aber man kann ungefährliche Schnee-Deko auch selbst machen. Und wenn du im Sommer tatsächlich drinnen feiern solltest, etwa weil das Wetter zu schlecht ist, dann kannst du dir schon mit ein paar Blumen Sommer in die Bude holen.

Wintertraum im Partyraum

Du brauchst nicht gleich die Heizung abdrehen und die Fenster aufreißen, wenn du willst, dass es in deinem Partyraum winterlich kalt wirkt. Sorg lieber für etwas Eis- und Schnee-Deko, die sich einfach herstellen lassen. Klirrend kalt wirkt dein Partyraum, wenn du die Fenster mit Eiskristallen aus Papier verzierst. Dazu musst du eckiges oder rundes Papier viermal falten und an den gefalteten Kanten Dreiecke ausschneiden! Und weiter: Besorge dir Watte und bastle daraus Schneebällchen, die du wild auf dem Fußboden verteilst. Noch ein paar Schneeflocken? Kein Problem. Weißes Konfetti ist mit ein paar weißen Blättern und einem Locher ganz schnell produziert. Die Schneeflocken mischst du dann unter die Schneebälle. Schon sieht das Ganze noch winterlicher aus. Falls deine Eltern diese Winter-Deko nicht so gut finden, versprich ihnen, nach der Party beim Staubsaugen zu helfen. Auf dem Partytisch könntest du statt einer Tischdecke Geschenkpapier mit winterlichen Motiven – Schneemännern, Schlitten oder Schneeflocken – ausbreiten. Eine coole Idee wäre noch, wenn du deine Eltern fragst, ob sie dir eine Videokassette mit Kaminfeuer besorgen. Spätestens dann, wenn du und deine Gäste gemütlich vor dem künstlichen Kaminfeuer sitzen, ist die Winterstimmung für deine Party perfekt!

Feiern wie ein Klabauter

Den Frühling in die Bude holen

Strahlend gelbe Sonne, kunterbunte Blumen und saftig grünes Gras – du brauchst viele bunte Farben für deine Party-Deko. Vielleicht holst du die Sonne mit einer knallgelben Tischdecke, gelben Vorhängen oder Servietten ins Haus. Du kannst auch Sonnen malen und an die Wand pinnen. Grüne Wiesen kannst du mit grüner Osterwolle imitieren oder du könntest grünes Pappgeschirr kaufen.

Ein guter Tipp ist echte Deko. Zum Beispiel Primeln oder Katzengras! In kleinen Blumentöpfen bringst du den Frühling ins Haus! Kaufe kleine Schokokäfer, die du in den Blumentöpfen und in der Osterwolle verteilst!

Picknicken statt wegnicken!

Keine Angst, Sommerpartys werden selten so langweilig, dass die Gäste einschlafen. Egal, ob du draußen oder drinnen feierst – eine sichere Idee für Spaß ist es, die Party wie ein Riesenpicknick zu organisieren. Du brauchst nur eine große bunte Picknickdecke und zwei Picknickkörbe. In einem Korb hast du Essen und Getränke, im anderen Korb hast du zusammengefaltete Zettel mit Sommerspielen. Während deine Freunde frei wählen dürfen, was sie aus dem Fresskorb haben wollen, bleibt der Spielekorb verdeckt und jeder muss aus ihm einen Zettel ziehen. Die gezogenen Spiele werden dann nach dem Essen gespielt.

Ganz schön schräg – Herbst im Wohnzimmer

Im Herbst ist es häufig nass, kalt und eklig – also keine gute Zeit, um draußen zu feiern. Da sitzt man doch lieber im Warmen und holt sich ein bisschen Herbststimmung ins Haus. Durch mit Wasser gefüllte Töpfe und Pfannen täuschst du herbstliches Regenwetter und Pfützen vor. Färbe deine Pfützen mit Wasserfarben bläulich, grünlich oder schmutzigbraun. Wenn deine Eltern das für keine gute Idee halten, was verständlich ist, dann kannst du auch auf das Wasser verzichten und Regenwetterstimmung aufkommen lassen, indem du im Raum gespannte Regenschirme, Regenmäntel und Gummischuhe verteilst. Eine freundlichere Dekoration besteht zum Beispiel aus Äpfeln, Hagebutten, Haselnüssen, Kastanien, Zweigen und Blättern.

39

Erst mampfen, dann stampfen!

Wenn du deine Gäste mit der richtigen Deko in Partystimmung versetzt hast, dann möchtest du ihnen sicher etwas zum Essen servieren, bevor es ans große Spielen geht.
Auch das Essen und die Getränke, die du servierst, können der Jahreszeit oder deinem Partymotto entsprechend Stimmung verbreiten. Wir stellen dir eine kleine Auswahl an witzigen Snacks, warmen Mahlzeiten und süßen Sachen vor. Wie wäre es zum Beispiel, wenn du zu einer Klabauter- und Seeräuberparty Paprikaschiffchen oder Tomatenfässchen machst? Oder du bäckst Kürbispuffer, wenn du im Herbst Lust zum Feiern hast!

Paprikaschiff, ahoi!

Du brauchst grüne, rote und gelbe Paprikaschoten. Wasche sie und schneide sie in je acht Teile. Vergiss nicht, die Kerne zu entfernen. Die brauchst du für deine Schiffchen nicht, außerdem schmecken die Kerne eklig. Jetzt baust du mit Schaschlikspießen die Segel. Dazu steck verschiedene Dinge auf die Spieße. Als Beispiel: ein Stück Schinken, ein Stück Käse, eine Traube, ein Pfefferminzblatt. Was du auf die Spieße steckst, ist ganz dir überlassen. Klar, es soll gut aussehen und auch gut schmecken. Am Schluss werden die Spieße in die Paprika-Achtel gepiekst.

Feiern wie ein Klabauter

Fliegenpilze ohne Flügel

Alles, was du brauchst sind Eier, Tomaten und etwas Mayonnaise oder weißes Salatdressing. Du kochst die Eier hart, schälst und köpfst sie, damit an einem Ende eine ebene Fläche entsteht, auf die du die Eier stellen kannst. Jetzt schneidest du die Tomaten in je zwei Hälften, höhlst sie aus und setzt jeweils eine leere Tomatenhälfte auf ein stehendes Ei. Schon hast du einen Pilz. Damit es ein Fliegenpilz wird, machst du noch Punkte aus Mayonnaise oder Salatdressing auf die rote Tomatenhaube. Fertig ist der Fliegenpilz.

  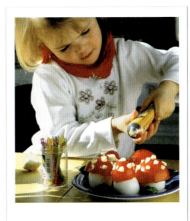

An die Tomatenfässer, Kameraden!

Wasche die Tomaten und schneide sie in zwei Hälften. Mit einem Löffel höhlst du die Tomatenhälften aus. Den Saft sammelst du in einer Karaffe. Wenn du ihn mit etwas Salz und Pfeffer würzt, ergibt er einen gesunden Naturdrink! In die Tomatenhälften kannst du nun die unterschiedlichsten Dinge zum Essen füllen. Es muss nur alles sehr klein gewürfelt sein und geschmacklich zusammenpassen. Tomate mit Brombeere ist vielleicht keine so gute Kombination. Am besten eignen sich Gurkenwürfelchen, Zucchini, Paprika und andere Gemüsesorten mit etwas Kräuterquark vermischt. Zum Scherz kannst du deinen Gästen auch eine Tomatenhälfte mit süßer Füllung unterjubeln. Verstecke mal Nutella unter den Gurkenwürfelchen. Mal sehen, wer anbeißt …

Feiern wie ein Klabauter

Mit dem Essen spielt man nicht ...

Olàlà, Pizza wunderbar!

Pizza ist ein Partyklassiker. Fertige mit Pizzateig viele kleine runde Pizzen an, die du dann wie Gesichter garnierst. Eine Scheibe Wurst ist das Gesicht, Zwei Oliven sind die schwarzen Augen, ein Stück Käse ist die Nase, Mais und Kapern machen nette Sommersprossen und mit Champignons stellst du braune Haare her. Du kannst die Gesichter mit unterschiedlichen Zutaten von Pizza zu Pizza ganz anders gestalten. Vielleicht möchtest du die Pizzen sogar mit deinen Freunden gemeinsam machen. Da habt ihr sicher viel Spaß. Veranstalte doch einen Wettbewerb: Wer macht das schönste Pizzagesicht? Der Sieger darf bestimmen, wer von euch welche Pizza essen darf.

Hier das Rezept für den Pizzateig:

300 g Mehl, 15 g Hefe, 1/8 l gewässerte Milch, 1 Ei.

Vermische alle Zutaten zu einem Teig. Einfacher wird es, wenn du zuerst die Hefe in der gewässerten Milch auflöst und den Mix danach mit Mehl und Ei vermengst. Du musst den Hefeteig nicht ziehen lassen! Einfach belegen, auf ein eingefettetes Backblech legen und in einem vorgewärmten Rohr bei 225 °C fertig backen, bis die Teigränder hellbraun sind und der Käse geschmolzen ist.

Spinatteller für Kobolde

Kobolde kochen auch Spinat. Nur sehen bei ihnen die Spinatteller nie so langweilig aus wie bei uns. Sie machen zum Beispiel Froschgesichter und Clownsgesichter oder sie stellen sich vor, dass ihr Spinatteller eine grüne Blumenwiese ist und lassen Rühreiblumen in ihnen wachsen. Sicher möchtest du wissen, wie das geht.

Ein Froschgesicht ist einfach. Du musst nur den Teller mit Spinat füllen. Verwende dafür eine Packung tiefgefrorenen Spinat, den du in einem Topf mit etwas Wasser langsam erhitzt. In der Zwischenzeit brätst du zwei kleine Spiegeleier, die du als Augen auf den Spinat legst. Für den Mund schnitzt du ein Karottenstückchen oder ein Stück Paprika in Mundform. Auch ein Clowngesicht ist schnell gemacht. Hier werden Kartoffelpüree und Spinat abwechselnd entweder als Haare oder als Gesicht verwendet. Die Haare ordnest du am Tellerrand an. Ins Gesicht gibst du zwei Scheiben Wurst als Augen, eine halbe Cocktailtomate als Nase und ein gebogenes Wienerwürstchen als lachenden oder traurigen Mund. Eine wurstfreie Variante wie auf den Bildern ist natürlich auch möglich.

Eine Blumenwiese wird aus Kartoffelpüree oder Rührei und aus Ketchup oder roter Chilisauce gemacht. Achtung: Roter Chili ist sehr scharf! Nur verwenden, wenn deine Gäste Feuer speien sollen und das Motto deiner Party »Drachen« ist! Gib Klackse aus Püree oder Rührei in deinen Spinatteller und mach in die Mitte eines jeden Klackses einen Spritzer Ketchup. Fertig sind die gelben Blümchen mit dem roten Kelch.

Für Naschkatzen mit sauberen Tatzen!

Am schönsten an einer Party sind dann doch die süßen Sachen, die Kuchen und Plätzchen, die man mit unterschiedichsten Farben und Formen ganz dem Partymotto gemäß gestalten kann.

Süße Igel zum Vernaschen!

Dieser Snack ist einfach und ganz schnell zubereitet. Du brauchst dafür nur gewaschene grüne harte Birnen in zwei Hälften zu schneiden. Dann legst du die Hälften mit der flachen Seite auf einen Teller und steckst auf den grünen Rücken Zahnstocher mit bunten Köstlichkeiten drauf. Ein Beispiel für ein würziges Spießchen: ein Kürbiswürfel, ein Käsewürfel, ein Gurkenwürfel, ein Karottenwürfel.

Auf einem süßen Spießchen könnten sein: eine Bananenscheibe, ein Stück harter Pfirsich, ein Ananaswürfel und ein Würfelchen grüne Melone. Die Birnenigel werden durch das verschiedene Obst und Gemüse schön farbig und es ist garantiert für jeden Geschmack etwas dabei. Sind die Stacheln abgegessen, werden die Birnenhälften selbst verspeist.

Feiern wie ein Klabauter

Bunte Vanilleschlangen

Feines Vanillegebäck kennst du sicher in Hörnchenform an Weihnachten. Wir machen aus diesem Vanilleteig gewundene bunte Schlangen. Knete zuerst die Teigmasse aus 250 g Mehl, 160 g Butter, 100 g Nüssen 70 g Zucker und einem Ei. Teile den Teig in mehrere kleine Häufchen und knete in die Häufchen verschiedene Lebensmittelfarben hinein. Du kannst zum Beispiel einen roten, einen grünen und einen blauen Teig zaubern. Aus dem machst du dann kleine Vanilleschlangen, die du zum Beispiel mit Rosinenaugen verzierst.

Der Chaosguglhupf

Und so bereitest du den Guglhupf zu: Die Butter in eine Rührschüssel geben und mit dem Mixer cremig rühren. Die Eier aufschlagen, mit dem Zucker zur Butter geben und sehr gut mixen. Das Backpulver in einem Messbecher mit dem Mehl verrühren. Dann bei laufendem Mixer langsam in die Rührschüssel zu den anderen Zutaten geben. Die Milch dazuschütten und alles gut verrühren. Jetzt sollte ein schön glatter Teig entstanden sein.

Die Hälfte des Teigs gleich aus der Schüssel nehmen und in einen anderen Behälter geben.

Der Chaosguglhupf

Für diesen Kuchen brauchst du eine Guglhupfform und folgende Zutaten: 250 g Zucker, 250 g Mehl, 125 g Butter, 5 Eier, 1/4 l Milch, 1/4 Pkg. Backpulver, Kakao, eine unbehandelte Zitrone. Damit der Kuchen später richtig schön und chaotisch aussieht, brauchst du außerdem jede Menge essbares Dekomaterial, z. B. Schoko- oder Zuckerstreusel, Schokoguss, Sahne, Marzipanblumen, usw.

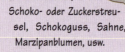

Feiern wie ein Klabauter

Die eine Hälfte der Kuchenmasse wird mit etwas Kakaopulver verrührt, so dass sie schön dunkel wird. In die andere Teighälfte wird die Schale einer geriebenen Zitrone gegeben. Den Zitronenteig in eine gefettete, mit Mehl ausgestäubte Guglhupfform gießen. Die dunkle Masse darüberleeren und mit einer Gabel die beiden Teighälften mit einem Muster durchziehen. Das sorgt für den schönen Marmoreffekt, den man allerdings erst sieht, wenn man den fertigen Kuchen anschneidet.

Das Ganze bei 150 °C etwa eine Stunde backen. Noch warm aus der Form stürzen. Dein Guglhupf sollte nun eigentlich schön aussehen.

Aber du willst ja keinen schönen normalen Guglhupf! Der lustige Teil muss noch bis zu deiner Party warten, wenn die Gäste da sind. Verziere den Kuchen gemeinsam mit deinen Freunden mit flüssiger Schokolade, Sprühsahne, Marzipanrosen, bunten Zuckerstreuseln, Früchten, bunten Fähnchen. Zur Krönung könnt ihr den Kuchen mit Wunderkerzen garnieren. Sieht super aus, garantiert! Und schmecken tut es natürlich auch gut.

Gespenstisch schönes Halloween!

Beim Klabauter! Auf einer Halloween-Party kann es ganz schön gruselig werden. Sag deinen Gästen vorher Bescheid, dass das Motto der Party »Halloween« ist, und dass alle in schaurig-schönen Verkleidungen kommen sollen. Den Raum, in dem ihr feiern wollt, könntest du mit dunklen Tüchern und Laken verkleiden. Fenster und Spiegel musst du sowieso verhängen, denn Geister mögen keine Spiegel und kein Glas.

Vielleicht malst du noch gruselige Motive in weißer Kreide auf deine dunklen Laken. Als Nächstes brauchst du Kerzenlicht oder zumindest gedimmtes Licht.

Und dann wären da noch die Kürbisse. Ausgehöhlte Kürbisse dürfen auf keiner Halloween-Party fehlen. Einen Kürbisgeist zu schnitzen macht Riesenspaß und geht relativ einfach. Die Schnitzarbeiten sind allerdings nicht ganz ungefährlich, weil die Außenhaut eines Kürbisses ziemlich hart ist. Du solltest die Schnitzarbeiten nur unter Aufsicht durchführen oder sie von einem Erwachsenen nach deinen Angaben machen lassen.

Du brauchst: einen großen Kürbis, einen dicken Filzstift, ein scharfes Messer, einen Löffel, ein Teelicht oder eine Grabkerze.

Und so geht es: Zuerst vom Kürbis den oberen Teil deckelförmig abschneiden, dann kratzt du das Fruchtfleisch mit dem Löffel heraus. Lass dabei eine Wand von etwa 1,5 Zentimeter Dicke stehen. Jetzt zeichnest du mit dem Filzstift ein Gesicht auf den Kürbis oder auch Phantasiemuster wie Sterne, Sonne und Mond. Diese Muster werden jetzt ausgeschnitten. Achtung! Die Schale ist oft sehr hart, also kann das Messer abrutschen. Lass die Schneidearbeiten lieber einen Erwachsener durchführen.

Jetzt noch in den Deckel ein Luftloch von etwa drei Zentimeter Durchmesser schneiden, die Kerze anzünden, hineinstellen und den Deckel drauflegen. Und schon glimmt ein gruseliges Kürbisgrinsen durch deine Bude.

Die essbaren Reste des Kürbisses finden natürlich auch noch Verwendung. Du kannst ein paar Stunden vor der Party eine Kürbisbowle ansetzen oder auch mit deinen Gästen Kürbispuffer backen. Allerdings solltest du dann schon beim Aushöhlen des Kürbisses berücksichtigen, in welcher Form du das Fruchtfleisch benötigst. Für eine Kürbisbowle solltest du einen Kugelausstecher verwenden, für Kürbispuffer brauchst du große Fruchtfleischstücke, die du dann mit dem Gemüsehobel raspeln kannst.

Feiern wie ein Klabauter

Kürbisbowle

Zutaten: 400 g Kürbisfleisch (entkernt), 1/2 Zitrone (in Scheiben), 1 EL Zucker, 2 Flaschen Apfel- oder Orangensaft, 2 Flaschen Zitronenlimonade oder Mineralwasser

Zubereitung
- Aus dem Kürbisfleisch mit einem Kugelausstecher Kugeln auslösen und in ein Bowlegefäß geben.
- Die Hälfte der Zitronenscheiben auf die Kürbiskugeln legen und mit Zucker bestreuen.
- Eine Flasche Saft dazugeben und etwa vier Stunden kühl stellen.
- Danach den restlichen Saft hinein gießen, mit Limo oder Mineralwasser auffüllen und vor dem Servieren die restlichen Zitronenscheiben hinzufügen.

Kürbispuffer

Zutaten: 1 große Zwiebel, 500 g Kürbisfleisch (entkernt), 500 g Kartoffeln, 3 Eier, Salz, Pfeffer, geriebene Muskatnuss, 50 g Mehl, 50 g geriebene Kürbiskerne, etwas Sonnenblumenöl zum Ausbacken

Zubereitung
- Die Zwiebel abziehen und fein hacken.
- Den Kürbis auf einem Gemüsehobel grob raspeln. Die Kartoffeln waschen, schälen, ebenfalls grob raspeln. Beides mit den Zwiebelwürfeln mischen.
- Die Eier verquirlen und würzen. Die Gemüseraspel, das Mehl und die geriebenen Kürbiskerne dazugeben. Alles gut vermischen.
- Für einen Kürbispuffer je zwei Esslöffel Masse in heißem Sonnenblumenöl ausbacken und einmal wenden.

Schmeckt kalt und heiß – Karottenreis

Ausgefallen und zugleich einfach zu kochen: Karottenreis. Der hat eine lustige Farbe und man kann ihn beim Servieren wie ein Gesicht verzieren. Gib einfach eine große Tasse Reis und zwei große Tassen kalte Suppenbrühe in einen Topf. Leicht salzen und so lange kochen, bis der Reis aufgequollen und die Brühe verschwunden ist. Dann dünstest du in einer Pfanne eine gehackte Zwiebel und einen geriebenen Bund Karotten in etwas Öl an und gibst den Reis dazu. Würze mit etwas Curry und nochmal Salz. Dann verteilst du den fertigen Karottenreis auf flache Servierteller und bastelst mit Obst und Gemüse für jede Portion Haare, Augen, Nase, Mund. Aus Suppengrün, Petersilie oder Dill machst du Haare. Gurkenscheiben, Kiwischeiben oder Eischeiben werden zu Augen, eine Brombeere oder eine Nuss kannst du als Nase umfunktionieren, und Paprika- oder Apfelspalten dienen als Mund.

Partyspiele – sich wie ein Kobold fühlen!

Wenn ihr alle richtig vollgefuttert seid, dann ist ein wenig Bewegung angesagt – geistig und körperlich! Bringt eure dicken Bäuche oder müden Gehirnwindungen mit ein paar Partyspielen in Gang. Wir haben für dich und deine Freunde ein paar besonders gute ausgesucht, egal ob du drinnen oder draußen feierst.

Der Preis ist süß ...

Bei Spielen, bei denen es Gewinner gibt, kann es natürlich auch Preise geben. Aber das sollten dann wirklich keine teuren Sachen sein, sondern vielleicht eher Süßigkeiten. Ein größerer Preis wäre etwa eine Tafel Schokolade oder eine große Tüte Gummibärchen. Da kann der Gewinner dann ja großzügig »eine Runde schmeißen«.
Ansonsten: immer auch Trostpreise bereithalten!

Koboldwörter erfinden

Wenn Kobolde dichten, können manchmal ganz schön komische Wörter entstehen. Aber, beim Klabauter, was rothaarige Wirbelwinde können, schaffen du und deine Freunde auch! Macht euch einen Spaß und erfindet jeder ein Wort: die anderen Kinder müssen dann erklären, was das Wort ihrer Meinung nach darstellen soll.
Ein Beispiel: »kribitzen«. Das könnte bedeuten: Ähnlich wie Jodeln, nur, dass man beim Kribitzen kräht wie ein Hahn. Wenn ihr schon schreiben könnt, legt euch am besten eine Kartei mit euren neuen Wörtern an. Dann habt ihr bald eure eigene Geheimsprache!

Feiern wie ein Klabauter

Verwirrte Professoren

Ihr sitzt alle im Kreis. Einer von euch fängt das Spiel an, indem er auf irgendetwas im Raum zeigt und es falsch benennt. Zum Beispiel zeigt er auf die Nase einer Mitspielerin und sagt: »Das ist ein Hammer.« Der nächste muss auf die Nase zeigen, sagen: »Das ist ein Hammer.«, selber auf etwas zeigen, zum Beispiel auf eine Hand, und selber eine falsche Benennung finden: »Das ist ein Besen.« Der Dritte muss die vohergegangenen Zeigebewegungen und falschen Aussagen wiederholen und selber auf etwas zeigen und es falsch benennen. So geht das immer weiter, bis irgendein Mitspieler etwas falsch macht, der fliegt aus der Spielrunde und muss aussetzen. Sieger ist, wer nie einen Fehler gemacht hat und als Letzter übrig bleibt.

Schokoküsse zum Anbeißen!

Alle Kinder sitzen um den Tisch. Auf dem Tisch liegen: eine Mütze, Fäustlinge, ein Messer, eine Gabel und eine geschlossene Schachtel Schokoküsse, am besten noch mit einer Paketschnur verschnürt. Jetzt wird reihum gewürfelt. Wer eine Sechs hat, muss sich die Mütze aufsetzen, die Fäustlinge anziehen, Messer und Gabel ergreifen und versuchen, die Schachtel zu öffnen und so viele Schokoküsse wie möglich zu essen, bevor der Nächste eine Sechs würfelt. Mit den Klamotten und dem Besteck wird das Essen ziemlich chaotisch werden. Garantiert! Hat ein anderer eine Sechs, müssen Mütze, Fäustlinge und Besteck schnell weitergegeben werden, damit sich der andere über die Schokoküsse hermachen kann. Alternativ könnt ihr auch das Besteck weglassen und mit dem Mund essen, ohne die Hände zu Hilfe zu nehmen! Man kann das Spiel auch mit einer großen Tafel Schokolade spielen, aber mit der kann man nicht so schön rumferkeln wie mit Schokoküssen!

Der Schnipselsauger

Alle sitzen um einen Tisch. Auf dem Tisch liegt ein Haufen Papierschnipsel. Jeder Partygast bekommt jetzt einen Strohhalm und einen Teller. Ihr müsst jeder so viele Schnipsel wie möglich mit dem Strohhalm aufsaugen und in euren Tellern sammeln. Achte darauf, dass die Schnipsel nicht zu klein sind, damit ihr nicht die Schnipsel durch den Strohhalm ganz einsaugt. Deine Gäste sollen ja kein Konfetti futtern. Wer die meisten Schnipsel auf seinen Teller befördert hat, wenn der große Haufen abgeräumt ist, der ist Sieger.

Piraten, Klabauter & Co.

Seeräuber sind wilde Kerle, sie entern Schiffe, suchen und finden Schätze. Und Klabauter sorgen gern für Chaos und hecken immer gerne Streiche aus. Das ist genau das richtige Publikum für deine Faschings- oder Karnevalsparty, auf die deine Freunde als Piraten oder Klabauter verkleidet kommen sollen. Du musst jetzt nur für die richtige Atmosphäre sorgen, drinnen oder draußen.

Superwichtig ist natürlich eine Piratenflagge, je größer desto schöner! Am besten nimmst du ein altes Bettlaken und malst mit schwarzer Farbe einen Totenkopf und zwei gekreuzte Knochen drauf. Gut sieht es auch aus, wenn du schwarzen Stoff verwendest und mit weißer Farbe malst. Die Fahne ist für drinnen oder draußen geeignet. Wenn du im Fasching beziehungsweise Karneval deine Party machst, dann ist es draußen natürlich meist zu kalt zum feiern und die Party muss drinnen steigen. Aber kein Problem, mit ein paar Handgriffen kommt man sich im Wohnzimmer schnell vor wie an Deck eines Schiffes. Einfach weitere alte Laken im Wohnzimmer als Segel aufhängen und ein paar Seile spannen. Weil Seeräuber und Klabauter nicht sonderlich komfortabel leben, kannst du statt Stühlen auch alte Obstkisten als Hocker und Tische organisieren und ein Schlaflager aus Kissen und Matratzen in einer Zimmerecke bauen.

Seesackwürfeln

An Bord eines Schiffes wird gern gewürfelt, um die Zeit bei einer Flaute zu vertreiben. Ihr setzt euch im Kreis und lasst den Würfel rundum gehen. Die Ergebnisse werden notiert. Wer als erster 20 Punkte gesammelt hat, darf sich etwas aus dem Seesack holen, der in eurer Mitte steht. Dort sind lauter kleine Geschenke drin, Schokoriegel oder kleine Büchlein oder Buntstifte. In den Sack reingucken ist nicht erlaubt, es soll jeder gleiche Chancen haben. Es wird so lange gewürfelt, bis alle 20 Punkte haben und jeder etwas gewonnen hat.

Seemannsgarn spinnen

Dass Piraten und auch Kobolde gern wilde Geschichten erzählen, weiß jedes Kind. Wie wäre es denn, wenn ihr einen Wettbewerb macht, in dem die beste Geschichte mit Seeungeheuern, Kobolden oder Geisterschiffen und Wassernixen prämiert wird? Noch besser ist es, wenn jeder von euch ein Bild zu der jeweiligen Geschichte malt. Da wird das Seemannsgarn noch lebendiger.

Feiern wie ein Klabauter

Seefestigkeit testen

Wer ein richtiger Pirat oder Klabauter ist, darf natürlich nicht seekrank werden. Das kann man ganz leicht testen. Du brauchst dazu nur eine Decke und die Hilfe von zwei Erwachsenen. Ein Kind legt sich auf die Decke, die Erwachsenen heben sie hoch und schwingen das Kind kräftig. Wenn alle den Test bestanden haben, dann sind sie echte Wasserratten.

Klabautern am Palmenstrand

Auf hoher See im Wohnzimmer: eine blaue Plastikplane (aus dem Baumarkt) ist mit ein bisschen Phantasie das weite Meer und eine oder mehrere Decken oder ein runder Badvorleger sind die Inseln. Damit noch ein bisschen mehr Leben ins Meer und auf die Inseln kommt, könnt ihr auch weiße Tapetenstreifen (eine Rolle genügt) mit Klabautermotiven bemalen und an die Wände pinnen! Palmen, Piratenflaggen, Schiffe, Haie – was euch einfällt. Entweder, du bereitest das schon vor oder ihr macht das gemeinsam auf der Party. Fingerfarben machen am meisten Spaß und lassen sich gut aus den Klamotten waschen.

Als Deko sind Schwimmflügel, ein Gummiboot oder eine Luftmatratze eine gute Idee. Oder hast du vielleicht sogar eine aufblasbare Palme? Cool ist auch ein Floß aus Luftballons. Dazu brauchst du nur einen Bettbezug, in den du so viele aufgeblasene Luftballons wie möglich stopfst. Ein Luftballonfloß schwankt garantiert so, als wärst du auf hoher See. Und wenn der eine oder andere Ballon platzt – na und? Wenn man ein Schiff entert, geht auch so manches in die Binsen. Vielleicht testet ihr mal, wie schnell sich ein Luftballonfloß versenken lässt? Ob man das Ganze jetzt zu Hause im Wohnzimmer, im Garten oder aber im Park macht, hängt eigentlich nur von der Jahreszeit und dem Wetter ab. Von echtem Wasser solltest du dich bei der Wahl deines Party-Orts aber zur Sicherheit fern halten.

Klabauter im Badezimmer:

Du brauchst: Klebestreifen, wasserlösliche Filzstifte, viel Papier und eine oder mehrere Wasserpistolen. Klebe mit deinen Freunden mehrere Blätter Papier an den Seiten zusammen so, dass ein riesiges Plakat in Segelform entsteht. Jetzt male mit deiner Klabautercrew das Segel mit wasserlöslichen Filzstiften an. Wenn das Werk fertig ist, wird es mit Klebestreifen an den Badezimmerfliesen über der Badewanne montiert. Jetzt könnt ihr euer Segel nach Herzenslust mit Wasser bespritzen und euch vorstellen, wie ihr mit eurem Klabauterschiff über die Meere flitzt. Ein koboldhafter Nebeneffekt: die wasserlöslichen Farben rinnen kunterbunt die Badezimmerfließen hinunter und versammeln sich schließlich als matschige Soße in der Badewanne. Ein richtig guter Koboldspaß!

Rennen mit Hindernissen

Stellt an eurem Partyort überall Hindernisse auf, zum Beispiel Stühle, Tische, Schuh- und Klamottenhaufen. Dann bestimmt ihr einen Fänger. Die restlichen Anwesenden sind die Läufer. Jetzt muss der Fänger einen der Läufer, die ständig um die Hindernisse herumtoben, fangen. Damit er es nicht so einfach hat, muss er einen Pappteller auf dem Kopf balancieren. Fällt der Teller runter, muss der Fänger etwas von euch Bestimmtes tun.
Zum Beispiel: »Sich in die leere Badewanne setzen und so tun, als wäre er ein Matrose auf hoher See.« Frag deine Eltern, ob sie davon Fotos machen können. Was die armen Fänger alles machen müssen, wenn sie ihren Pappteller verlieren, kann nämlich zum Schreien komisch sein!

Feiern wie ein Klabauter

Campen unterm Wohnzimmertisch

Man muss nicht in der freien Natur sein, um Abenteuer zu erleben! Werft ein riesiges Bettlacken über euren Wohnzimmertisch und stellt euch vor, irgendwo im Dschungel oder in der Antarktis zu sein! Eurer Phantasie sind keine Grenzen gesetzt: Wo seid ihr? Wie seid ihr hierher gekommen? Ist euer Schiff gestrandet, euer Flugzeug abgestürzt? Ist es dort extrem heiß oder klirrend kalt? Sind wilde Tiere in der Nähe? Könnten diese Tiere gefährlich sein? Gibt es Einheimische, dort wo ihr seid? Sind das eure Freunde oder Feinde? Müsst ihr einen Plan entwickeln, wie ihr wieder nach Hause kommt?
Wenn ihr wollt, könnt ihr euch auch in zwei Gruppen teilen: die einen spielen die Camper, die anderen spielen die wilden Tiere oder Einheimischen! Wer will, kann sich auch unter dem Bettlacken Gruselgeschichten erzählen, während draußen die »wilden Tiere« und »mächtigen Feinde« herumschleichen und gefährliche Geräusche machen.

Schiffeversenken

Hier geht es nicht um Schiffeversenken auf dem Papier! Dieses Spiel kann man im Garten, auf der Terrasse oder auf einem großen Balkon spielen. Du brauchst ein kleines aufblasbares Planschbecken, das du mit Wasser füllst. Im Wasser treibt eine kleine Obstschale aus Holz. Jedes Kind hat einen Haufen gleich großer Steine vor sich. Jetzt legt jeder der Reihe nach je einen Stein in die Schale, bis diese sinkt. Das Kind, dessen Stein das Untertauchen der Schüssel ausgelöst hat, bekommt alle Steine aus der Schüssel. Wer als erster keine Steine mehr hat, ist Sieger.

Wenn es regnet, fängt man Regentropfen

Verteile unter deinen Freunden gleich große Plastikbecher, die bei 0,2 Liter eine Markierung verzeichnet haben. Jetzt zieht euch wind- und wetterfest an und lauft nach draußen, denn ihr müsst nun Regentropfen fangen. Wer als Erstes seinen Becher bis zur Markierung voller Regentropfen hat, hat einen Preis verdient. Vom Trinkgenuss raten wir aber dringend ab! Bäh!

Das Krabbenrennen

Schon mal versucht, seitwärts zu laufen? Ziehe mit deinen Freunden auf einer Wiese oder am besten im Sand eine circa 20 Meter lange Linie. Stellt euch nebeneinander an einem Ende der Linie auf. Dann begebt ihr euch auf alle Viere in den Krabbengang. Auf ein verabredetes Kommando hin, fängt ihr alle zu krabbeln an. Ihr dürft unter den anderen durchkrabbeln und auch über die anderen drüberkrabbeln. Wer zuerst im Ziel angekommen ist, feuert die anderen an.

Feiern wie ein Klabauter

Schneespuren-täuschungsmanöver

Dieses Spiel ist definitiv für draußen und nur im Winter möglich. Schnee sollte natürlich liegen. Im Schnee kann man nicht nur seine eigenen Fußspuren hinterlassen. Man kann Abdrücke mit den seltsamsten Dingen machen. Zum Beispiel mit Omas Bratpfanne oder mit Papas Handschuhen. Jedes Kind holt sich heimlich etwas aus dem Haus, mit dem es Spuren im Schnee machen kann. Wenn ein Kind seine Abdrücke macht, schauen die anderen Kinder weg. Dann wird geraten. Wer errät, womit die Abdrücke gemacht wurden, kommt als Nächster mit dem Spurenmachen dran.

Das Allerletzte – das Aufräumspiel

Ein echter Klabauterfan ist nicht dumm! Wenn du schon vorher weißt, dass dich deine Eltern zum Aufräumen des Party-Chaos verdonnern werden, dann erfindest du am Ende der Party, egal ob draußen oder drinnen, schnell und solange deine Gäste noch da sind, das Aufräumspiel. Dazu brauchst du eine Stoppuhr. Jeder deiner Gäste bekommt einen Bereich des Party-Orts zugeteilt, den er auf Geschwindigkeit aufräumen muss. Nach »Achtung! Fertig! Los!«, drückst du die Stoppuhr und alle müssen so schnell wie möglich aufräumen. Der Erste bekommt von dir natürlich einen Preis. Wie wäre es zum Beispiel mit einem selbst gedichteten Koboldreim? Bevor ich mir die Haare rauf, räumt ihr lieber auf ...

ICH MAG KEINEN SALAT, DER IST MIR ZU GRÜN.

LASS MICH DEIN LIEBLINGS- KISSEN SEIN.

WIE KOMMT DER FISCH IN DAS STÄBCHEN?

HAUT OHNE SCHMUTZ IST WIE WAND OHNE PUTZ.

ICH BIN FURCHTBAR BRAV. VOR ALLEM WENN ICH SCHLAF.

ICH WILL NICHT GROSS UND STARK WERDEN. DA MUSS ICH SPÄTER BLOSS ARBEITEN GEHN.

ICH WILL POMMES MIT VIEL SAHNE.

ICH KANN NICHT SCHLAFEN. WENN ICH DIE AUGEN ZUMACHE, IST ES GANZ DUNKEL.

schlaubauersprüche

BADEN IN DER KANNE SCHONT DIE BADEWANNE.

LIMONADE IST WASSER, DAS SCHMECKT.

ICH WILL PUDDELING.

ZÄHNE PÜTZEN, TUT SEHR NÜTZEN.

ICH WILL EINE WURSTSEMMEL OHNE SEMMEL.

EINE MÜTZE AUF DEM KOPF WÄRMT BESSER ALS EIN ALTER TOPF.

ICH BIN VIEEEL ZU SCHLAU FÜR DIE SCHULE.

TÄGLICH EINE WURST HILFT NIX GEGEN DURST.

WASSER, SHAMPOO, SEIFENSCHAUM GEFALLEN EINEM KOBOLD KAUM.

Pumuckl und das eigene Zimmer

Es gibt Tage, an denen Meister Eder überhaupt nicht zum Arbeiten kommt. Da läutet ständig das Telefon, Kunden kommen, die ihn mit Sonderwünschen aufhalten oder Bekannte schauen »schnell mal« vorbei, gerade so, als hätten sich alle für diesen Tag verabredet.

Als Eder an solch einem Tag endlich einen Kunden hinauskomplimentiert hatte, schloss er einfach die Werkstatttür ab und sagte aufatmend: »Wie gut, dass es Türen gibt, die man hinter sich zumachen kann.« Pumuckl fand das auch. Er setzte sich in seine Schaukel und schaukelte ein bisschen hin und her. Nach einer Weile meinte er nachdenklich: »Nur ich habe keine Tür, die ich zumachen kann.«

Meister Eder lächelte und fand, dass es im Haus genug Türen gäbe für zwei Leute. Aber der Pumuckl war da ganz anderer Ansicht und versteifte sich darauf, er müsste eine eigene Tür haben.
»Du musst mir eine Tür schreinern!«, quengelte er.
»Eine Tür ohne Zimmer hat doch keinen Sinn«, wandte Eder ein.
»Dann musst du mir eben ein Zimmer dazuschreinern.«
Eder seufzte, er wusste aus Erfahrung, dass das nun eine endlose Diskussion geben würde und wimmelte den Pumuckl ab mit dem Vorschlag: »Geh doch in die Küche rauf, da hast du gleich ein Zimmer mit Tür.«
Pumuckl war sehr gekränkt.
»Gut, ich gehe. Weil ich auch von dir einmal meine Ruhe haben möchte, mache ich mir doch ein eigenes Zimmer!« Und damit ging er nach oben.

Er schloss die Küchentür hinter sich und dann dachte er nach. Sein Blick fiel auf den Küchentisch und seine Miene hellte sich auf. »Ich mache ein Unter-dem-Tisch-Zimmer!«, beschloss er unternehmungslustig und kroch unter den Tisch. Weil das Tischtuch wie ein zu kurzer Vorhang über ihm hing, zog er es als »Wand« mit beiden Händen herunter. Leider stand auf dem Tischtuch noch ein Tablett mit dem Geschirr vom Mittagessen und das fiel jetzt alles krachend auf den Boden. Ein Teller sprang in Scherben, der Rest der Nudelsuppe aus dem Suppentopf rann darüber und mischte sich mit dem Gemüse aus einer gottlob nicht zerbrochenen Schüssel.

Pumuckl und das eigene Zimmer

Zuerst war der Pumuckl erschrocken, aber dann fand er, dass das alles recht gut in sein »Zimmer« passte: Die Scherben hatten nun gerade die richtige Größe für ein eigenes Pumucklgeschirr und das Tablett war die schönste Tür, die man sich denken konnte, wenn man sie gegen den Tischfuß lehnte. Auch der Gemüsetopf war als Schrank zu verwenden, wenn man seinen Deckel als »Deckeltür« betrachtete.

Der Kobold angelte sich Eders Schal und Handschuhe von der Garderobe und stopfte sie in seinen »Kleidertopfschrank«. Schließlich holte er noch ein Kissen als Sofa, ja und dann war das Zimmer fertig. Es war wunderschön.

Pumuckl und das eigene Zimmer

Eder jedoch konnte nicht lange in Ruhe arbeiten. Ein alter Bekannter, Elektromeister Enzinger, hatte ihm versprochen, den Elektrokocher zu reparieren. Und der kam ausgerechnet auch heute. Eder führte ihn gleich rauf in die Küche, aber schon an der Tür blieben die beiden Herren wie angewurzelt stehen und starrten auf das Durcheinander. Herr Enzinger deutet auf den Suppentopf unter dem Tisch, aus dem Eders Schal heraushing und brachte nur ein »Wa…, warum?« heraus. Eder schob ihn energisch von der Tür weg und führte ihn ins Wohnzimmer.

»Es hat keinen Sinn, den Herd jetzt zu reparieren, weil … weil ich, äh … ich hab nämlich einen Kobold und … ja und der Kobold heißt Pumuckl und …«

Eder machte zusammen mit dieser chaotischen Küche einen so verwirrten Eindruck, dass Enzinger erschrocken sagte: »Ich kann das morgen auch noch reparieren. Und übrigens, der Nervenarzt Doktor Kamerer ist ein alter Kunde von mir und … ich komme wieder.« Damit eilte er schnell aus der Wohnung.

Meister Eder ging zurück in die Küche. Zuerst wollte er schimpfen, doch als ihm der Pumuckl sein »Zimmer« erklärte, musste er lachen. Aber es half alles nichts: Eder musste das Pumuckl-Idyll zerstören und aufräumen.

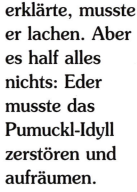

Pumuckl und das eigene Zimmer

Der Kobold war wütend. Pumuckl rannte hinunter in die Werkstatt. »Dann mache ich mir eben hier ein eigenes Zimmer!«, murmelte er trotzig. Und schon sah er die schönsten Möglichkeiten: die Waschschüssel ernannte er zum See, eine Säge zum Zaun, den »Kiesweg« streute er mit Hobelspänen, eine große Zange wurde zum Gartentor und mit Werkzeugen und mit Brettchen legte er auf dem Boden die Umrisse seines »Zimmers« fest. Er setzte sich in die Mitte dieses Gevierts und war entzückt über sein Gartenzimmer mit Aussicht auf einen See.

Herr Enzinger hatte den Doktor Kamerer tatsächlich überreden können mitzukommen, bevor »etwas Fürchterliches mit dem Eder passiert«. Meister Eder war gerade fertig mit dem Aufräumen, als die beiden Herren vor der Tür standen. Herr Enzinger tat so, als hätte er den Nervenarzt mitgebracht, weil dieser einen Schrank bestellen wollte.
Meister Eder durchschaute das gleich, spielte aber das Spiel mit. Doktor Kamerer fand an der aufgeräumten Küche nichts »Verrücktes« – Herr Enzinger hatte ihm das ganz anders geschildert.

Pumuckl und das eigene Zimmer

Kopfschüttelnd folgte er dem Schreinermeister in die Werkstatt, um über den gewünschten Schrank zu reden. Ja, und dann öffneten sie die Werkstatttür und alle Blicke fielen auf Pumuckls »Gartenzimmer«. »Ich hab Ihnen doch gesagt, der spinnt«, flüsterte Herr Enzinger dem Doktor zu. Eder, obwohl er zunächst auch verblüfft war, fasste sich schnell.
Denen wollte er es zeigen.
»Ich gebe zu, dass das hier ein wenig eigentümlich aussieht«, begann er. »Ich habe nämlich vor, mir im Bayerischen Wald ein Haus zu bauen. Das hier ist der Grundriss. Die Wasserschüssel bedeutet den Swimmingpool, bis zur Zange geht der alte Baumbestand und wo die Säge liegt, da kommt der Zaun hin.«

Pumuckl und das eigene Zimmer

Eder wandte sich ganz sachlich an Doktor Kamerer. »Und wie groß soll Ihr Schrank werden?«

Da meinte Doktor Kamerer schnell, das mit dem Schrank sei doch gar nicht so eilig. Eder schob die beiden recht verlegen gewordenen Herren freundlich, aber bestimmt zur Werkstatt hinaus.

Als der Pumuckl wieder sichtbar wurde, hockte er nachdenklich in seiner Schaukel. »Morgen bau ich mir noch ein schöneres Zimmer. Für den Bayerischen Wald«, verkündete er.

»Um Himmels willen«, rief Meister Eder und nagelte, so schnell er konnte, zwei kleine Bretter zusammen, die er so in die Ecke stellte, dass sie einen kleinen viereckigen Raum ergaben. »Da kannst du dich einrichten«, sagte er und fügte liebevoll hinzu: »Die Tür wird nachgeliefert.«

Viele tolle Klabauterjahre

Er hat rote Haare, er ist frech, hat immer einen schrägen Reim auf Lager und heckt ständig Streiche aus. Auch wenn seine Körpergröße ziemlich klein ist, für viele Kinder ist er der GRÖSSTE: Pumuckl, der frechste Klabauter der Welt! Pumuckl begeistert die Kinder, weil er all die Sachen macht, die Kinder gerne machen: »Pumuckl rebelliert gegen Vorschriften und Konventionen, er stellt Dinge und Gebräuche in Frage, er ist trickreich und entwickelt Sinn für Gerechtigkeit, auch wenn sie ihn selber trifft«, sagt Ellis Kaut, die geistige Mama von Pumuckl über den kleinen Klabauter.

Pumuckls Mama

Die erfolgreiche Laufbahn von Ellis Kaut begann mit dem Schreiben kleiner Geschichten für die Zeitung »Münchner Neueste Nachrichten« – heute die »Süddeutsche Zeitung«. In den darauf folgenden Jahren war sie als Schauspielerin tätig und arbeitete schließlich als Reporterin und Autorin beim Bayerischen Rundfunk.

Es ist schon eine ganze Weile her, dass Ellis Kaut die Idee mit dem Pumuckl hatte. Als Erstes fiel ihr der Name ein. Es war bei Frost und Schnee im Winter 1961, als Ellis Kaut mit ihrem Ehemann einen Winterspaziergang machte und ihn mit Schneebällen bewarf. Als er seiner Frau mit den rötlichen Haaren und der vor Kälte roten Nase hinterherlief, rief er spontan aus: »Du bist ja ein rechter Pumuckl!« Laut Frau Kaut hätte es auch ein anderes Kosewort sein können, etwa Nunuckl oder Frechmuckl, aber es war halt Pumuckl.

Viele tolle Klabauterjahre

Pumuckl wird lebendig

Das lustige Phantasiewort war da, und Frau Kaut merkte sich den Namen, denn als der Bayerische Rundfunk 1962 nach eine gute Idee für eine Kinderhörspielserie suchte, fragte er auch bei Frau Kaut an. Und schon bald tollte Pumuckl durch die Radiowellen. Die erste Hörspielfolge hatte den schönenTitel »Pumuckl und der Schmutz« und darin erfuhr man, wie der Pumuckl seinen Weg in die Schreinerwerkstatt des Meister Eder fand. Er ist dem Meister Eder im wahrsten Sinne des Wortes auf den Leim gegangen und dadurch sichtbar geworden. So beschaulich die Arbeit in der Werkstatt von Meister Eder vorher war, mit der Ruhe war es jetzt vorbei. Pumuckls Streiche kosteten Eder viele Nerven, aber trotzdem sind die beiden ein unzertrennliches Paar geworden, das viel Spaß zusammen hat. Die Hörspielserie war ein Riesenerfolg und jeden Sonntag um 14 Uhr klebten die Kinder an den Radios, um Pumuckl zu hören.

Pumuckls Stimme

Ein wichtiger Grund, warum Pumuckl bis heute so beliebt und bekannt ist, ist seine einprägsame Stimme. Die hat ihm der Schauspieler Hans Clarin (geb. 1929) geliehen und es gibt wohl niemanden, der Pumuckls freche und schrille Stimme nicht sofort erkennen würde. Frau Kaut war auf Clarin aufmerksam geworden, weil dieser eine Hörspielversion von Otfried Preußlers »Kleine Hexe« gesprochen hatte. Hans Clarin ist seit der ersten Hörspielproduktion 1962 bis zum heutigen Tag die Stimme von Pumuckl. Seine Stimme ist so unverwechselbar, dass man bei Hans Clarin eigentlich immer auch an Pumuckl denkt. Nachdem Hans Clarin 2001 eine schwere Krankheit überstanden hatte, wegen der sich viele Fans ernste Sorgen um ihn gemacht hatten, meinte er auf die Frage, ob er langsam ans Aufhören mit dem Klabautern denke: »Ich mache weiter, weil es unglaublich Spaß macht.«

Pumuckl wird sichtbar

Die Pumuckl-Hörspiele waren so erfolgreich, dass der Pumuckl unbedingt auch sichtbar werden musste, für Bücher, Schallplattencover und Kassettenhüllen. Dafür musste man sich aber erst einmal überlegen, wie denn der Pumuckl überhaupt aussehen sollte. Ellis Kaut ließ einen Zeichenwettbewerb an der Münchener Kunstakademie ausschreiben. Die damals 21-jährige Kunststudentin Barbara von Johnson war die Gewinnerin.

Ihr ist es zu verdanken, dass der Pumuckl heute so liebenswert aussieht, wie ihn alle kennen. Ein frecher Rotschopf mit roter Nase, einem kleinen Bäuchlein und großen Füßen. Passend zur den roten Haaren trägt er ein gelbes Hemd und eine grüne Hose. Als 1978 das Fernsehen bei Ellis Kaut wegen Pumuckl anklopfte, zog sich Barabara von Johnson von der Arbeit zu Pumuckl zurück. Seitdem zeichnet Ellis Kauts Schwiegersohn Brian Bagnall Pumuckls Abenteuer.

Pumuckl wird Fernsehstar

Der Fernsehproduzent Manfred Korytowski lehrte dem kleinen Kobold schließlich das Laufen. 65 Fernsehfolgen und zwei Filme wurden von dem Produzenten, der sich selbst gerne »Vater des Pumuckl« nennt, im Auftrag des Bayerischen Rundfunks umgesetzt. Am 4. September 1979 war der erste Drehtag für Pumuckls erstes Fernsehabenteuer. Hans Clarin stand damals als Pumuckls Stimme hinter dem Mikrophon und vor der Kamera stand der bayerische Schauspieler Gustl Bayrhammer als Meister Eder. Der 1922 geborene und 1993 verstorbene Bayrhammer war vor allem in den 70er und 80er Jahren ein bekannter Bühnenschauspieler. Das Volksstück »Brandner Kasper« hat er insgesamt 743-mal auf der Bühne gegeben! Genauso untrennbar wie Bayrhammer mit dem Brandner Kasper verbunden ist, wird er bis heute auch mit seiner Rolle als Meister Eder identifiziert.

Nach dem ersten Pumuckl-Drehtag wurden in 235 Drehtagen an vielen Schauplätzen in und um München die 52 ersten Episoden von Pumuckl verfilmt. Die Ausstrahlung der 26 Folgen der ersten Staffel begann im September 1982 im BR-Regionalprogramm und in der ARD. Später kamen weitere Fernsehprogramme hinzu. Die romantische kleine Hinterhofwerkstatt von Schreinermeister Eder als Originalschauplatz in der Münchner Altstadt wurde schon bald zum Wallfahrtsort für Familien aus dem gesamten Bundesgebiet.

Eine herbe Enttäuschung für viele Pumuckl-Fans war es, als Ellis Kaut 1988 beschloss, keine weiteren Fernsehfolgen mehr zu schreiben. In der letzten Folge gewinnt Meister Eder eine Schiffsreise, auf die er natürlich Pumuckl mitnimmt. Als Pumuckl an Bord des Schiffes den »blauen Klabauter« trifft, beschließt er bei ihm zu bleiben und Meister Eder kehrt allein nach München zurück. Beim Bayerischen Rundfunk standen die Telefone nicht mehr still.

viele tolle Klabauterjahre

War das wirklich das Ende vom Pumuckl im TV? Ach Unsinn! Auch weiterhin durfte der Pumuckl im Fernsehen Schabernack treiben. Allerdings hatte sich so einiges an Pumuckls gewohnter Umgebung geändert. Nach dem Tod Gustl Bayrhammers 1993 und dem Abriss des inzwischen baufälligen Werkstattkomplexes in München hat sich der freche Kobold einen neuen Meister gesucht und ist in seine Heimat, ins Klabauterland, zurückgekehrt. Dort erlebte er auf einem Schiff gemeinsam mit dem Schiffskoch Odessi, alias Towje Kleiner, auf hoher See 13 neue Klabauter-Abenteuer, die der Kinderkanal erstmals ab Herbst 1999 ausstrahlte.

Pumuckl ohne Ende

Bis heute gibt es 90 Hörspiele, 52 alte TV-Folgen und viele neue, zwei Kinofilme und auch eine ganze Reihe Bücher, mit denen immer neue Generationen Pumuckls Abenteuer erleben können. Außerdem kam vor kurzem ein Pumuckl-Musical heraus und das Kölner Theater Cocomico zieht mit einem sehr erfolgreichen Pumuckl-Theaterstück durch die Lande. 2002 erschien der dritte Kinofilm »Pumuckls Zirkusabenteuer«.
Dort kommt nun auch wieder Meister Eder vor. Weil aber Gustl Bayrhammer nicht mehr lebte, musste für den Film ein neuer Meister Eder gefunden werden. Am besten einer, der auch wirklich gut zu Pumuckl passt. Und wer passt besser zu Pumuckl als Hans Clarin? Er kennt den kleinen Klabauter ja in- und auswändig. Und weil Hans Clarin ja »nur« die Stimme vom Pumuckl ist, konnte er problemlos in einer »Doppelrolle« auftreten.

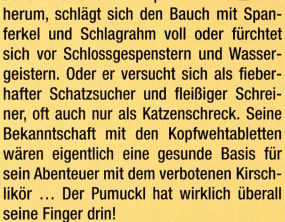

Best of Hörspiel-klabauter

Der Pumuckl hat wirklich schon viel erlebt. Er spukt herum, schlägt sich den Bauch mit Spanferkel und Schlagrahm voll oder fürchtet sich vor Schlossgespenstern und Wassergeistern. Oder er versucht sich als fieberhafter Schatzsucher und fleißiger Schreiner, oft auch nur als Katzenschreck. Seine Bekanntschaft mit den Kopfwehtabletten wären eigentlich eine gesunde Basis für sein Abenteuer mit dem verbotenen Kirschlikör … Der Pumuckl hat wirklich überall seine Finger drin!

Eine kleine Auswahl von Pumuckl-Hörspieltiteln verrät schon, was der kleine Klabauter bisher so alles getrieben hat.

- Spuk in der Werkstatt
- Das Schlossgespenst
- Der Geist des Wassers
- Der rätselhafte Hund
- Der große Krach
- Das Spanferkel-Essen
- Pumuckl und Puwackl
- Der verhängnisvolle Schlagrahm
- Die geheimnisvollen Briefe
- Pumuckl und die Schatzsucher
- Pumuckl und der Finderlohn
- Pumuckl und die Kopfwehtabletten
- Pumuckl wird reich
- Pumuckl und das Telefon
- Pumuckl und der Schmutz
- Pumuckl und die Katze
- Pumuckl spielt mit dem Feuer
- Pumuckl soll Ordnung lernen
- Pumuckl will Schreiner werden
- Der verbotene Kirschlikör
- Pumuckl wartet auf die Bescherung

Pumuckl – ein echter Star

Ellis Kaut gehört zu den erfolgreichsten Hörspielautoren bzw. -autorinnen der Welt. In Deutschland hat sich der freche Rotschopf mittlerweile mehrere Millionen Mal auf Schallplatte, Kassette und CD verkauft. Und die Videos/DVDs sind natürlich auch bei allen Kindern beliebt. Seit 1999 wird der erfolgreiche Kindercharakter Pumuckl durch die Münchner Lizenzagentur MM Merchandising München betreut. Pumuckl ist heute nicht nur »Der frechste Kobold der Welt«, sondern auch »Pumuckl – der Schlaubauter«. »Schlaubauter« steht für schlau, lernbereit, wissbegierig und natürlich auch für neunmalschlau, wie man an Pumuckls Schlaubauter-Sprüchen merkt. Eine kleine Kostprobe gefällig? »Ich will nicht ins Bett. Ich schlafe später einfach schneller.«, oder »Zähne pützen, tut sehr nützen.«

Jaja, heute geht nichts mehr ohne Merchandising. Was kann denn der Pumuckl dafür, dass er so beliebt ist, dass viele kleine und große Fans ihn um sich herum haben wollen. Die Lizenzagentur passt darauf auf, dass es nur original Pumuckl-Produkte gibt. Und von denen gibt es inzwischen eine Menge. So kommt es, dass es zum Beispiel Pumuckl-Kinderbesteck gibt. Und weil Pumuckl alles Süße so sehr liebt, kann man sich an Schleckbrause, Keksen und Bonbons erfreuen, alles Pumuckl-getestet und für lecker befunden! Wer schnell unterwegs sein will, für den ist das besondere Pumuckl-Fahrrad vielleicht etwas. Und damit unterwegs nichts passieren kann, gibt es sogar die Pumuckl-Kinderversicherung! Ob Pumuckl wohl selbst versichert ist? Das wäre jedenfalls nicht schlecht, wo er doch dauernd nur Streiche und Unsinn im Kopf hat! Und was liegt im Zeitalter der Handys näher, als Pumuckl in der eigenen Abwesenheit den Anrufer mit einem pfiffigen Mailboxtext begrüßen zu lassen? Alles ist möglich – hartnäckige Fans können sogar ihre Ferien im Pumuckl-Familienhotel verbringen! Wer jetzt glaubt, dass hier geflunkert wird, sollte mal unter der Internetadresse www.pumuckl.de nachschauen.

Pumuckls INs
- Meister Eder
- Gummiente
- Streiche spielen und Besuch, den er ärgern kann
- Dichten und singen
- in Pfützen springen
- Spanferkel, Knödel und dazu ein frisches Bier
- Pudding und Schokolade
- Weihnachten und Ostern

Pumuckls OUTs
- Nikolaus
- Katzen
- Lehrer und Hausmeister
- der Namen Puwackl
- sich zu waschen
- Gespenster
- Gartenzwerge
- Leim
- Käse

Viele tolle Klabauterjahre

Pumuckls Manieren

Pumuckls Manieren sind manchmal nicht die allerbesten, aber gerade das macht ihn oft so liebenswert: ob er bei anderen Leuten den Bierkrug fast zur Neige leert, andere durch seine Unsichtbarkeit an der Nase herumführt, den Aberglauben der armen Frau Eichinger ausnutzt, oder anderen Schabernack treibt, er bleibt eben doch der liebenswerte kleine Kobold, dem niemand so richtig böse sein kann.

Doch auch er muss ab und zu seine Lektion lernen: So zum Beispiel, als er ein goldenes Armkettchen stiehlt und dafür von Meister Eder kurzerhand aus der Werkstatt geworfen wird!

Ansonsten ist Pumuckl ein echter Zappelphilipp. Er findet es toll zu hüpfen und in Wasserpfützen zu springen, am Werkstattlampenschirm oder mit seiner Schiffschaukel zu schaukeln, oder einfach nur seinem Lieblingssport nachzugehen: Er liebt es, Meister Eders Nägel auf den Boden zu werfen!

Pumuckl tut Gutes

Viele Promis tun gerne etwas für einen guten Zweck und da will der Pumuckl natürlich nicht hintanstehen, wie die »Pumuckl Weltkindertour 2002« zu seinem 40. Geburtstag zeigt. Die deutschlandweite Tournee unter der Schirmherrschaft von Doris Schröder-Köpf unterstützt die BundesArbeitsGemeinschaft Kinder- und Jugendtelefon e. V. (BAG), eine Einrichtung für alle Kinder und Eltern, die sich ihren Familienstress und andere Probleme mal am Telefon von der Seele reden wollen.

Eine gute Sache – die Telefonnummern sind übrigens für das **Kinder- und Jugendtelefon: 0800-111 0 333** und für das **Elterntelefon: 0800-111 0 550**

RECHNEN LERNEN IST GANZ NETT, DOCH LIEBER BLEIB ICH HEUT IM BETT.

ICH BIN VIEL ZU KLEIN FÜR DIE SCHULE!

EIN LEHRER, EIN LEHRER? IST DAS AUCH EIN MENSCH?

SOCKEN? SOCKEN KÖNNEN MICH GAR NICHT LOCKEN.

ABC UND EINMALEINS BRAUCHT EIN KOBOLD KEINS.

ICH MAG KEINE SUPPE, DIE LÄUFT IMMER DURCH DIE GABEL.

FAHREN MIT DEM ROLLER GEHT BERGAB NOCH DOLLER.

FAHREN MIT DEM RAD IST BESSER ALS EIN BAD.

ACHTUNG - JETZT KOMM ICH!

Schlaubauersprüche

LESEN LERNEN TUT NICHT WEH, AUSSER DAS BUCH FÄLLT AUF DEN ZEH.

ICH HAB DIE NASE VOLL, JAWOHL!

SO EIN TÄNZCHEN IN EHREN KANN NIEMAND VERWEHREN.

WEINEN IST JA SEHR SCHÖN, ABER LANGWEILIG WENN ES KEINER HÖRT.

IMMER LOCKER BLEIBEN!

JETZT REICHT'S MIR ABER, JAWOHL, JETZT REICHT'S!

OB SICHTBAR ODER UNSICHTBAR, FRECH ZU SEIN IST WUNDERBAR.

ICH LIEBE MICH!

ICH WILL NICHT INS BETT. ICH SCHLAFE SPÄTER EINFACH SCHNELLER.

83

Pumuckl und die Fische

Meister Eder hatte Frau Steiner aus dem Vorderhaus versprochen, eine Woche lang ihre Fische und den Kanarienvogel zu versorgen, weil sie wegfahren musste. Da wollte der Pumuckl natürlich auch die schönen, bunten Fische in dem beleuchteten Aquarium sehen, von denen ihm Meister Eder unvorsichtigerweise erzählt hatte.

Pumuckl und die Fische

Der Gedanke behagte Eder gar nicht, seinen Kobold in eine fremde Wohnung mitzunehmen. Erst als Pumuckl hoch und heilig versprach, nichts anzurühren, ließ Eder sich erweichen. Und Pumuckl hielt Wort. Brav blieb er bei Eder, wunderte sich ein bisschen über den Kanarienvogel, der zum Schlafen den Kopf in die Federn steckte und über die Fische, die ständig das Maul auf- und zuklappten.

Eder versuchte ihm zu erklären, dass Fische so atmen, aber der Kobold vermutete: »Die haben sicher bloß furchtbar Hunger!«

Eder öffnete die Futterdose.

»Iiiih – was ist denn das!«, rief der Pumuckl und rümpfte die Nase.

»Getrocknete Wasserflöhe«, erklärte Eder ihm.

Ungläubig schüttelte der Kobold den Kopf. »Wahrscheinlich nur, weil sie nie eine Wurst kriegen. Die würden sie bestimmt lieber fressen!«

Eder bezweifelte das zwar, doch der Pumuckl ließ sich nicht überzeugen. Mitleidig versprach er den Fischen: »Morgen bringen wir euch ein Stück Wurst!«

Eder verzichtete darauf, dem Kobold etwas über die Fressgewohnheiten von Fischen zu erzählen. Er war froh, dass die Fütterung und der Besuch in der fremden Wohnung ohne Zwischenfälle abgelaufen waren.

Dem kleinen Kobold aber gingen die armen Fische nicht aus dem Kopf, und beim Abendessen ließ er unbemerkt ein Stückchen Wurst unter den Tisch fallen. Das wollte er in der Nacht holen und den Fischen bringen. So kam es, dass im Mondlicht ein Stückchen Wurst von unsichtbarer Hand getragen über den Hof lief, an der Regenrinne hochkletterte und durch ein Lüftungsfenster in Frau Steiners Wohnung hüpfte.

Pumuckl und die Fische

»Hallo, ihr Fische, da bin ich.« Der Pumuckl sprang auf den Rand des Aquariums. Er zupfte kleine Stückchen von der Wurst ab und warf sie ins Wasser. Ein paar Fische schwammen heran und begannen daran zu zerren.
»Na, seht ihr, das schmeckt euch doch!«, freute sich der Pumuckl. Über einen Fisch wunderte er sich allerdings. Der legte sich nämlich auf die Seite und bewegte sich kaum.
Ob das seine Art war, sich schlafen zu legen?
»Gute Nacht!«, flüsterte der Pumuckl und stahl sich davon.

Beim Füttern am nächsten Tag entdeckte Eder die Wurststückchen im Aquarium. Was jedoch noch schlimmer war: Ein Fisch schwamm tot mit dem Bauch nach oben an der Wasseroberfläche. Ob das von der Wurst kam?
Eder lief sofort in die Werkstatt, packte den Pumuckl am Kragen und schüttelte ihn: »Warst du in der Wohnung von Frau Steiner? Hast du die Wurststückchen ins Wasser geworfen?« – »Iiich...?«, stotterte der Kobold.
»Ja, du! Jetzt haben wir die Bescherung! Ein Fisch ist tot. Da muss ich einen Neuen kaufen!« Eder war wütend und der Pumuckl fing an zu heulen.
»Die Fische haben sich so gefreut!«, schluchzte er.

Pumuckl und die Fische

Er hatte es doch wirklich nur gut gemeint. Unglücklich lief er in den Hof hinaus. Wenig später sah er Meister Eder fortgehen und nach einer Weile mit einem Fisch in einem Plastikbeutel voll Wasser ins Vorderhaus zurückkehren. Der kleine Kobold fühlte sich ganz elend. Ob inzwischen noch mehr Fische tot waren?

93

Pumuckl und die Fische

Als Eder zurück in die Werkstatt gekommen war, hielt der Pumuckl es nicht mehr aus. Er kletterte noch mal hinauf in die Wohnung der Frau Steiner. Sein Herz klopfte wild, als er sich an das Aquarium heranschlich. Aufatmend sah er, dass alle Fische friedlich vor sich hin schwammen.

»Jetzt passe ich auf euch auf!«, flüsterte er. »Und wenn einer mit dem Bauch nach oben schwimmt, dreh ich ihn einfach wieder um!« Während Pumuckl sorgenvoll auf die Fische starrte, begann der Kanarienvogel zu singen.

Sei sofort still!«, befahl der Kobold. »Du freust dich wohl, wenn die Fische eingehen!«, schimpfte er und gab dem Käfig einen Stoß.
Tatsächlich hörte das Gezwitscher auf. Was Pumuckl allerdings nicht bemerkt hatte: Durch den Stoß war das Badehäuschen verrutscht, so dass der Vogel herausschlüpfen konnte. Plötzlich hörte Pumuckl ein Trillern genau über sich. Und er traute seinen Augen nicht! Da war doch dieser Vogel aus dem Käfig entwischt und verspottete ihn mit fröhlichem Gesang!

Pumuckl und die Fische

»Komm auf der Stelle herunter!«, forderte der Kobold streng. Doch der Vogel kümmerte sich weder um Befehle noch um Bitten. Während der Kobold noch überlegte, hörte er Meister Eder kommen, der auch noch einmal nach den Fischen schauen wollte. Schnell versteckte er sich hinter dem Vorhang. Der Schreinermeister sah mit Befriedigung, dass alle Fische wohlauf waren. Aber als er sich mit der Futtertüte zum Vogelkäfig umdrehte, musste er feststellen, dass gar kein Vogel mehr drinnen saß. Suchend sah er sich um, weit konnte der Vogel ja nicht sein. Plötzlich ertönte ein helles »Dort ist er«. Pumuckl hatte den Vogel auf einer der Zimmerpflanzen entdeckt. »Wo kommst du denn her?«, fauchte Eder den Kobold an. »Verschwinde sofort!« Kleinlaut trollte sich der Pumuckl und stieg auf den Kastanienbaum im Hof.

Pumuckl und die Fische

Eder aber hatte alle Mühe, den Vogel wieder in seinen Käfig zu locken. Gerade als ihm dies gelungen war, kam Frau Steiner zurück, viel früher als geplant. Sie begrüßte zuerst den Meister Eder und dann ihren Kanarienvogel. »Ich wusste ja, dass ich beruhigt wegfahren kann, wenn Sie sich um meine Tiere kümmern!«, sagte sie dankbar. Eder verabschiedete sich schnell. Als er über den Hof ging, sah er etwas Rotes aus dem Kastanienbaum schimmern – den Schopf von Pumuckl.
»Ich hab doch alles nur gut gemeint«, kam es von da oben. Eder musste lächeln. »Es ist halt nicht immer alles gut, was gut gemeint ist«, sagte er.
Der Pumuckl sprang auf seine Schulter.
»Und die Fische?«, fragte er vorsichtig.
»Denen geht's gut. Sie haben deine Wurst überlebt. Der eine Fisch ist übrigens nicht daran gestorben, sondern wahrscheinlich an Altersschwäche.«
»Kobolde sind eben doch gute Fischfütterer«, meinte da der Pumuckl vergnügt und war sehr zufrieden mit sich.

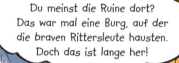

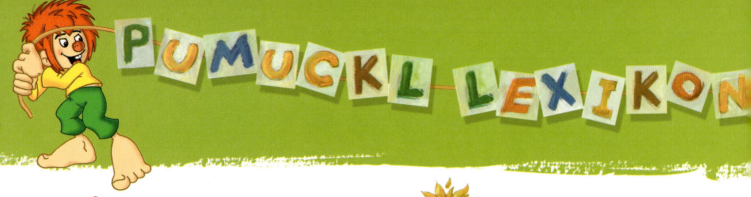

PUMUCKL LEXIKON

Aberglaube lernt der Pumuckl erst durch Eders Putzfrau Eichinger kennen. Ganz egal, ob ihr eine schwarze Katze oder ein weißer Kater über den Weg läuft, oder sie zuerst von links gegrüßt wird, Frau Eichinger sieht in allem etwas Übernatürliches. Dadurch kann der Pumuckl sie natürlich besonders gut ärgern.

Ärger hat Pumuckl vor allem mit dem Meister Eder, wenn er wieder Schabernack treibt und dabei ganz vergisst, dass er anderen damit schaden kann. (vgl. **Schabernack**)

Armkettchen Als Pumuckl der Tochter einer Kundin das Armkettchen stiehlt und Meister Eder auch noch belügt, als der ihn danach fragt, kommt es zum großen Krach und der Meister Eder wirft Pumuckl hinaus.

Arzt Er hält den Meister Eder zuweilen für verrückt, weil der von einem unsichtbaren Patienten spricht. Am Schluss landet dann der Meister Eder mit Medikamenten im Bett, obwohl er ja eigentlich gar nicht krank ist.

Badewanne Als alter Klabautermann liebt Pumuckl das Wasser. Nachdem Eder sein Badezimmer renoviert hat, nimmt der freche Kobold eine Badebürste und fährt damit Boot in der neuen Wanne.

Bagnall, Ursula & Brian Ellis Kauts Tochter Ursula schreibt mittlerweile Pumuckls Geschichten in Nacherzählungen nieder. Ihr Mann Brian ist heute für die Pumuckl-Zeichnungen verantwortlich.

Bärbel ist Eders Nichte und wild darauf, Pumuckl mal zu sehen. Der ist fast ein bisschen verliebt in sie, weil sie überall Bonbons für ihn versteckt und so nett zu ihm spricht.

Barbara von Johnson ist dafür verantwortlich, dass Pumuckl so frech und doch so liebenswert aussieht. Sie gewann bei einem Zeichenwettbewerb an der Münchner Kunstakademie und hat so dem kleinen Kobold sein Gesicht gegeben.

Bayerischer Rundfunk Der Bayerische Rundfunk gab Ellis Kaut in den 60er Jahren den Auftrag, eine Hörspielserie für den Kinderfunk zu schreiben. Und so wurde der Pumuckl geboren. Hurra!

Bayrhammer, Gustl siehe **Gustl Bayrhammer**

Bernbacher ist Schlosser und Meister Eders bester Freund. Er denkt, der Eder spinnt, weil er immer von einem Kobold spricht. Doch als Pumuckl nach dem Streit mit dem Meister Eder zu ihm kommt, passieren auf einmal ganz seltsame Dinge.

Besuch Wenn der Meister Eder Besuch bekommt, freut sich der Pumuckl immer ganz besonders. Denn dann kann er wieder mit seinen frechen Streichen aufwarten und neue Leute ärgern.

Bett Zuerst will Pumuckl am liebsten in den Hobelspänen schlafen. Doch dann baut ihm der Meister Eder sein eigenes Bett und darauf ist er sehr stolz, fast so stolz wie auf seine Schiffsschaukel.

Bier trinkt Pumuckl sehr gern, vor allem aus den großen Krügen anderer Leute. Die staunen oft nicht schlecht über ihren »großen Durst«.

Blauer Klabauter Er ist er einzige andere Kobold, den Pumuckl je getroffen hat. Er mag ihn überhaupt nicht.

Bocciaspiel Zu Pumuckls persönlichem Besitz gehört neben seinem Bett und anderen Sachen auch ein Miniatur-Bocciaspiel.

Briefe Eines Tages versucht der Meister Eder, dem Pumuckl lesen und schreiben beizubringen. Doch daraufhin schreibt dieser geheimnisvolle Briefe und versetzt damit die Hausmeisterin in Angst und Schrecken.

Bücher Es gibt schon ein große Menge Pumuckl-Bücher in über zehn Sprachen.

Christbaumkugeln Pumuckl liebt die Weihnachtszeit, weil dann überall in den Fenstern so schöne Lichter sind und alles blinkt und glitzert. Vor allem die Christbaumkugeln haben es dem Kobold angetan.

Clarin, Hans Der bekannte bayerische Schauspieler ist der Mann, der Pumuckl seine markante Stimme gibt.

Dachfenster Gehört zu Pumuckls Geheimausgängen, wenn der Meister Eder ihn eigentlich eingesperrt hat.

Dichten ist eine von Pumuckls Lieblingsbeschäftigungen. Auch wenn manche Wörter nicht existieren oder die Grammatik einem die Haare zu Berge stehen lässt, Hauptsache »es reimt sich, denn was sich reimt, ist gut!«

Diebstahl ist neben Lügen etwas, was der Meister Eder gar nicht leiden kann. Als Pumuckl ein Armkettchen stiehlt und den Meister Eder auch noch belügt, wirft der ihn aus dem Haus.

Eder Franz Eder ist Schreinermeister und geht seinem geregelten, ruhigen Leben nach, bis eines Tages plötzlich ein kleiner Kobold an seinem Leimtopf kleben bleibt ...

Eichinger Frau Eichinger ist Meister Eders Putzfrau, die im Haus für Ordnung und durch ihren Aberglauben auch oft genug für Wirbel sorgt. Dadurch ist sie besonders anfällig für die Attacken des frechen Kobolds.

Ellis Kaut ist die Erfinderin von Pumuckl. Ihr verdanken wir die mittlerweile gut 40 Jahre alte lustige Figur, die bei groß und klein beliebt ist.

Ferien gibt es für Pumuckl eigentlich nicht, da er ununterbrochen neue Streiche und Gedichte erfindet. Als Meister Eder mal ein paar Tage Urlaub auf dem Bauernhof macht, ist Pumuckl dabei und treibt auch außerhalb der Werkstatt allerhand Schabernack.

Fernsehen Seit 1979 Pumuckl als Fernsehserie begann, wurden schon 65 Folgen in drei Staffeln gedreht. Die aktuellen Sendezeiten findest du zum Beispiel unter »Neues vom Pumuckl«, auf www.pumuckl.de im Internet.

Film 1982 kam der erste Film, »Meister Eder und sein Pumuckl«, mit Gustl Bayrhammer in die Kinos. 1993 folgte »Pumuckl und der blaue Klabauter« mit Towje Kleiner als Schiffskoch Odessi. 2002 startet der dritte Kinofilm, »Pumuckl im Zirkus«, mit Hans Clarin in einer Doppelrolle.

Finderlohn Obwohl Pumuckl keine Katzen mag, findet er es sehr aufregend nach einer Katze zu suchen, auf die ein Finderlohn ausgesetzt ist. Auch Kobolde wollen belohnt werden!

Gartenzwerge sind Pumuckl ein Dorn im Auge, weil sie ihn an Heinzelmännchen erinnern, die brav ihrer Arbeit nachgehen. Und die mag er gar nicht gerne!

Gedichte liebt Pumuckl heiß und innig. Vor allem seine eigenen. Auch wenn sie manchmal komisch klingen, die Hauptsache ist, sie reimen sich. Denn, »was sich reimt ist gut!« – »Pumuckl neckt, Pumuckl versteckt, niemand was meckt.«

Geheimausgang Pumuckl hat mehrere Geheimausgänge, unter anderem ein Dachfenster und eine Fensterluke von der Werkstatt zum Hauseingang, durch die er entkommen kann, wenn der Meister Eder ihn wieder einmal eingesperrt hat.

Geheimnisse hat Pumuckl reichlich. Doch meistens dauert es nicht allzu lange, und er verrät sie doch, zumindest dem Meister Eder.

Gespenster Anderen einen Schrecken einjagen, das macht Pumuckl gern und oft. Doch wehe ihm spielt jemand einen Gespensterstreich, dann bekommt er es selbst ganz schnell mit der Angst zu tun.

Gummiente Ganz verrückt ist der Pumuckl eines Tages nach einer roten Gummiente, auf der man im Wasser schwimmen kann. Weil er aber immer wieder von ihrem glitschigen Rücken rutscht, macht er sie kaputt und beschuldigt zwei Jungen aus der Nachbarschaft.

Gustl Bayrhammer Der bayerische Fernseh- und Theaterschauspieler wurde durch die Fernsehserie »Pumuckl« zu dem Meister Eder. Mit ihm wurden auch die Hörspiele, in denen vorher A. Pongratz den Schreinermeister gesprochen hatte, nachvertont.

Hammer In Meister Eders Werkstatt ist Pumuckl von allerhand Schreiner-Werkzeug umgeben. Da kann es schon mal passieren, dass so ein Hammer auf ganz sonderbare Weise verschwindet.

Hans Clarin siehe **Clarin, Hans**

Hausmeister Der Hausmeister versucht Ordnung in den Hinterhof zu bringen und verdirbt so den Kindern und dem Pumuckl oft den Spaß beim Spielen. Und außerdem singt der soooo falsch!

Heinzelmännchen Eine der schlimmsten Sachen, die man zum Pumuckl sagen kann, ist, dass er einem Heinzelmännchen ähnelt. Pumuckl mag keine Heinzelmännchen, weil die immer brav sind und viel arbeiten, und das entspricht nun wirklich keinem anständigen Kobold.

Hobelspäne Bevor Pumuckl sein eigenes Bettchen bekommen hat, schlief er am liebsten in einem Haufen aus Hobelspänen. Da musste er so manches Mal schwierige Gefechte mit dem Meister Eder führen, der den Dreck entsorgen wollte.

105

PUMUCKL LEXIKON

Hörspiele Pumuckl wurde als Kinder-Hörspielserie für den Bayerischen Rundfunk ins Leben gerufen. Bis heute gibt es etwa 40 Hörspiele à zwei Folgen auf CD oder MC.

Hüpfen Pumuckl läuft so gut wie nie normal. Meistens hüpft und springt er durch die Gegend.

Hund Hunde mag der kleine Kobold bedeutend lieber als zum Beispiel Katzen. Eines Tages hilft er sogar einen Dackel aus einem verschlossenen Keller zu befreien.

Inge ist ein Mädchen aus der Nachbarschaft, und Inge kann genau wie der kleine Kobold auch nicht pfeifen und spielt lieber auf einer Mundharmonika. So eine will Pumuckl natürlich auch haben.

Internet Seit März 2000 gibt es den Pumuckl auch im Internet. Von Gewinnspielen, über Malvorlagen und Basteltipps, bis hin zu tollen Koboldskarten gibt es auf Pumuckls Website alles, was ein Koboldherz begehrt. Und weil Pumuckl unsichtbar ist, kann man ihm hier wenigstens E-Mails schreiben, die er persönlich beantwortet. Alles unter: www.pumuckl.de

Jaulen kann Pumuckl fast so gut wie ein echter Hund. Das hört sich dann oft so erbärmlich an, dass Passanten stehen bleiben und sich wundern, wer da so jämmerlich jault.

Käse Pumuckl mag Käse überhaupt nicht, denn für ihn ist er nichts anderes als »verfaulte Milch«.

Katzen Katzen mag der freche Kobold auch nicht. Er fürchtet sich sogar vor ihnen, weil sie so scharfe Krallen und spitze Zähne haben.

Kaut, Ellis siehe **Ellis Kaut**

Kegeln Als der Meister Eder einmal einen lustigen Kegelabend mit seinen Freunden verbringen will, macht ihm der Pumuckl einen Strich durch die Rechnung.

Kino siehe **Film**

Klabauter Pumuckl ist ein Kobold, der vom alten Ahnengeschlecht der Klabautermänner, die auf hoher See zu Hause sind, abstammt. Daher kommt auch seine Liebe zum Wasser (aber nicht zum Waschen!) und zu Schiffen.

Klabauterland Das Klabauterland in Erding bei München ist das erste Erlebnisrestaurant für Kinder und Erwachsene. Hier kann man sich spielerisch austoben und außerdem ganz lecker Essen. Es gibt sogar Puddeling!

Knödel Der bayerischen Kultur und Tradition entsprechend isst Pumuckl sehr gerne Knödel, am liebsten mit Spanferkel. Außerdem kann man die runden Klöße so lustig in der Gegend rumstupsen.

Kobold Ein Kobold ist ein meist gutartiger Hausgeist – ähnlich einem Troll oder Zwerg (sagt das aber niemals zum Pumuckl!), der sich unsichtbar machen kann. Und Pumuckl ist der frechste von allen!

Koboldsgesetze Die drei wichtigsten Koboldsgesetze erklärt Pumuckl so: 1.) »Wenn ein Kobold an einem menschlichen Ding hängen bleibt oder von einem Menschen eingezwickt oder festgehalten wird, dann wird er sichtbar. 2.) Wer mich einmal gesehen hat, der wird mich immer sehen – unsichtbar bin ich nur noch für andere Menschen. 3.) »Ich muss bei dem bleiben, der mich einmal gesehen hat.«

Krug Pumuckl hat seinen eigenen Tisch und Stuhl sowie seinen eigenen Krug, aus dem er am liebsten Bier trinkt.

Kunden die zum Meister Eder in die Werkstatt kommen, ärgert Pumuckl besonders gern, indem er sie zwickt oder Sachen runterwirft. Und weil die Kunden ihn nicht sehen können, ist das ganz schön gespenstisch. Den Meister Eder bringt auf diese Weise oft in unangenehme Situationen.

Lampenschirm An Lampenschirmen hängen und hin und her zu schwingen findet Pumuckl ziemlich lustig. Dem Meister Eder allerdings geht Pumuckls Geschaukel ziemlich auf die Nerven, besonders wenn er sich den Kopf ständig an den Lampenschirmen stößt.

Langeweile dauert beim Pumuckl meistens gar nicht lang. Schnell hat er sich wieder eine neue Dummheit ausgedacht. Und wenn ihm einmal so gar nichts einfallen will, dann setzt er sich in seine Schaukel und dichtet Langeweile-Gedichte.

VON A-Z

Lehrer findet der kleine Kobold gar nicht gut. Die sind ihm viel zu streng und ernst. Und außerdem hat einer seine wunderbaren Schiffe mal als Gekritzel beschimpft und wegwerfen lassen!

Leim kann Pumuckl überhaupt nicht leiden. Denn wenn er daran kleben bleibt, wird er für alle sichtbar. Nur einmal war es gut, dass er am Leim kleben geblieben ist, denn so lernte er seinen Meister Eder kennen.

Lesen Pumuckl kann nicht lesen und schreiben. Der Meister Eder hat ihm eines Tages einiges beigebracht, aber viel hat er sich nicht gemerkt.

Magazin Einmal im Monat kommt das Pumuckl-Magazin vom Dino Verlag in die Läden. Darin findest du unter anderem Cartoons, Witze, Basteltipps ...

Marionette Der Meister Eder will Pumuckl eine Freude machen und schnitzt eine Marionette, die dem Pumuckl fast haargenau gleicht. Der kleine Kobold allerdings kann sich mit »Puwackl« gar nicht anfreunden.

Maulwurfbuch Das Maulwurfbuch zählt neben Pumuckls Bett und ein paar anderen Sachen zum persönlichen Besitz des kleinen Kobolds.

Maus Als sich eine Maus in der Werkstatt einnistet, werden Pumuckl und dieser »Maximüll-müll-müll-ianus« schnell zu Freunden.

Meerschweinchen Bei einem Zoobesuch mit dem Meister Eder schlüpft der freche Kobold in den Meerschweinchen-Käfig und bleibt prompt mit seinem Hemdchen am Gitter hängen. Nun ist er für alle Besucher sichtbar!

Meister Eder siehe **Eder**

Missverständnis Missverständnisse gibt es schon mal zwischen Pumuckl und dem Meister Eder. Denn manchmal gibt der dem kleinen Kobold Schuld an Sachen, für die er ausnahmsweise wirklich nichts kann.

Musical Der kleine Kobold ist jetzt auch fleißig dabei, die Bühne zu erobern. Seit Herbst 2000 zieht Pumuckl mit seinem Musical quer durch Deutschland und ist manchmal sogar in Österreich und der Schweiz zu sehen. Die aktuellen Auftrittstermine findest du auf Pumuckls Homepage unter www.pumuckl.de.

Nachbarn Die Nachbarn hält Pumuckl immer wieder mit seinen Klabauterspäßen auf Trab. Komischerweise ereignen sich viele seltsame Dinge ausgerechnet in Meister Eders Haus ...

Nägel Nägel gibt es wirklich viele beim Schreinermeister Eder. Doch nie so viele, als dass Pumuckl sie nicht alle verstecken oder hinunterwerfen könnte.

Nikolaus So gerne Pumuckl Weihnachten und die Vorweihnachtszeit mag, einen mag er gar nicht gern, ja den fürchtet er sogar: den Nikolaus. Nur den kleinen aus Schokolade, den kann er leiden!

Obstbäume Pumuckl entdeckt, dass Obst am besten schmeckt, wenn man es direkt vom Baum isst. Dabei stören ihn auch giftige Spritzmittel nicht, zumindest so lange nicht, bis der Bauch zwickt.

Odessi Im Herbst 1999 begann die zweite TV-Serienstaffel von Pumuckl. In 13 Folgen war Pumuckl nicht mehr beim Meister Eder, sondern begleitete den Schiffskoch Odessi auf seinen Reisen.

Ordnung Mit Ordnung hat ein Kobold wirklich nichts am Hut. Nur gut, dass wenigstens die Frau Eichinger hin und wieder nach dem Rechten sieht.

Ostern findet Pumuckl fast so schön wie Weihnachten. Und besonders gefällt es ihm, die versteckten Ostereier noch einmal zu verstecken.

Pfützen Der Pumuckl liebt es, in Wasserpfützen zu springen und dabei die Leute nass zu spritzen. Allerdings ist das nicht mehr lustig, sobald er sichtbar ist. Denn dann bekommt auch er schnell nasse Füße!

Pudding Schokopuddeling ist mit Abstand Pumuckls Lieblingsgericht. Und man kann die Frau Eichinger beim Kochen auch immer so schön ärgern. Nur dumm, dass der Meister Eder Schokopudding auch so gerne isst.

Pumuckl ist ein kleiner frecher Kobold, der durch Zufall beim Meister Eder am Leimtopf kleben blieb und dadurch sichtbar wurde. Seitdem treibt er seinen Schabernack in dessen Werkstatt und am liebsten mit dessen Kunden. Pumuckl ist circa 30 Zentimeter groß, hat wuscheliges rotes Haar und ist angeblich schon dreihundert-zwölf-und-zwanzig Jahre alt. Er stammt vom alten Adelsgeschlecht der Klabautermänner ab, die vor allem auf Schiffen zu

PUMUCKL LEXIKON

Hause sind. Meist ist er unsichtbar, doch nicht, wenn der Meister Eder in der Nähe ist. Denn Eder kann ihn als einziger sehen. Und dann kann dem Pumuckl auch alles passieren, was einem Menschen passieren kann. Er kann dann genauso wie wir Schnupfen und Bauchweh bekommen. Außer Streiche spielen und Leute ärgern dichtet der Pumuckl sehr gerne, und das oft recht ungewöhnlich!

Puwackl heißt die Marionette, die der Meister Eder nach Pumuckls Vorbild schnitzt und einkleiden lässt. Dem Kobold passt das allerdings gar nicht!

Quatsch macht der Pumuckl oft, aber zugeben würde er es nie, denn für ihn ist es kein Quatsch, sondern wichtige Koboldsarbeit.

Quietschen Meister Eders Ohren werden oft ganz schön strapaziert, wenn der Pumuckl quietschend und kreischend durch die Werkstatt hüpft, sei es vor Freude oder vor Zorn.

Regen Wenn es viel regnet, freut sich der Pumuckl immer auf die Wasserpfützen, in denen er dann wild rumhüpfen kann.

Reime siehe **Gedichte**

Sägespäne siehe **Hobelspäne**

Schabernack siehe **Quatsch** und **Unfug**

Schaukel Weil der Pumuckl so gerne Schiffe mag, und damit er was zum Spielen hat und nicht ständig den Meister Eder nervt, baut der ihm eine blaue Schiffschaukel. Darin sitzt er oft und schaukelt und dichtet und denkt nach.

Schiffskoch siehe **Odessi**

Schlagrahm mag der Pumuckl am liebsten aus der Schüssel. Aber dass ihm davon schlecht werden könnte, das will er dem Meister Eder nicht glauben.

Schmitt ist einer von Eders Freunden. Schmitt amüsiert sich immer sehr über die Spinnerei seines Freundes Eder und gibt Pumuckl die seltsamsten Namen, zum Beispiel Krummbuckl oder Puwackl, was den Pumuckl natürlich sehr ärgert!

108

Schnee Pumuckl ist fasziniert vom ersten Schnee und ganz enttäuscht, als der plötzlich weg ist, wo er ihn doch so mühevoll in die Werkstatt gebracht hat, um damit zu spielen.

Schokolade Pumuckl ist ganz verrückt nach Schokolade. Manchmal schenkt ihm der Meister Eder auch eine Tafel, aber nur, wenn er brav war.

Schorschi und sein Bruder Wiggerl sind zwei richtige Lausbuben. Als Meister Eder mit Pumuckl Urlaub auf dem Bauernhof macht, weiß man nicht, wer für die ganzen Dummheiten verantwortlich ist, der kleine Kobold oder die beiden Brüder.

Schreiner Meister Eder ist Schreinermeister und hat deshalb oft Holz und Nägel und Schrauben und Hobelspäne in seiner Werkstatt herumliegen, was dem Pumuckl natürlich sehr gefällt. Unter seinen Kunden ist Meister Eder sehr geschätzt. Umso erstaunter sind sie, als plötzlich komische Sachen in der Werkstatt passieren.

Schule Eines Tages folgt Pumuckl den Nachbarskindern in die Schule. Anfangs findet er es auch sehr lustig und aufregend dort, aber das dauert nicht sehr lange.

Segelschiff Aufgrund seiner Abstammung vom alten Ahnengeschlecht der Klabauter hat Pumuckl eine große Leidenschaft für Segelschiffe und den Ozean.

Singen Pumuckl singt gern und laut, was der Meister Eder oft gar nicht schön findet. Pumuckl allerdings schon!

Spanferkel isst Pumuckl am liebsten mit Knödel und Bier. Noch mehr Spaß macht es ihm, die Tischrunde beim Spanferkelessen ordentlich aufzuwirbeln.

Springen siehe **Hüpfen**

Streiche spielen und Leute ärgern findet Pumuckl sehr schön. Und ein Ende findet er dabei nicht!

Streit Getadelt und geschimpft wird Pumuckl oft genug vom Meister Eder, doch zu einem echten Streit kommt es erst, als Pumuckl ein Armkettchen stiehlt und den Meister Eder belügt.

VON A–Z

Telefon Das Telefon ist für den Pumuckl tabu, obwohl es doch so lustig wäre, mit fremden Leuten zu telefonieren und Späße zu machen.

Toilette Als der Meister Eder sein Bad renovieren lässt, bekommt der Pumuckl sogar seine eigene Toilette.

Träume hat Pumuckl viele, z. B. von Schiffen auf hoher See oder Schokoladenbergen. Am liebsten träumt der kleine Kobold im Bett oder in seiner Schaukel.

Uhr Das Ticken findet Pumuckl an Uhren besonders schön, vor allem wenn die Uhr ganz klein ist und sie an einer goldenen Kette hängt.

Unfug macht der Pumuckl ständig. Doch für ihn ist das alles harte Koboldsarbeit.

Unordnung findet Pumuckl wunderbar. Deshalb bleibt ein Zimmer bei ihm auch nicht lange aufgeräumt.

Urlaub siehe **Ferien**

Verbote brechen macht dem kleinen Kobold Spaß. So kann es schon mal sein, dass er doch heimlich ans Telefon geht oder durch einen seiner Geheimausgänge verschwindet …

Versteck Verstecke weiß der Pumuckl viele. Doch oft sind sie nicht gut genug, als dass sie der Meister Eder nicht entdeckt.

Video Neben 40 Pumuckl-Hörspielen auf CD und MC gibt es über 20 Videos mit den Geschichten des Kobolds.

von Johnson, Barbara siehe **Barbara von Johnson**

Wanne siehe ›Badewanne‹

Wasser Wasser mag Pumuckl zwar, wenn er darin rumhüpfen oder darauf segeln kann, zum Waschen mag er es aber gar nicht.

Website siehe **Internet**

Weihnachten mag der kleine Kobold sehr, vor allem wegen der schönen Christbaumkugeln und der vielen Schokolade.

Werkstatt Die Schreinerwerkstatt vom Meister Eder, in der Pumuckl am liebsten seinen Schabernack trieb, hat es bis Mitte der 90er Jahre wirklich gegeben. Sie war sogar eine Art Wallfahrtsort für viele Pumuckl-Fans, die deshalb extra nach München in die Gewürzmühlstraße kamen. Heute existiert sie leider nicht mehr.

Wiggerl Schorschis Bruder (siehe **Schorschi**)

Wollpullover Damit dem Pumuckl auch im Winter nicht kalt ist, lässt der Meister Eder für ihn einen Wollpullover stricken. Aber das ist gar nicht so einfach.

Wurst Im Gegensatz zu Käse mag Pumuckl Wurst sehr gern. Am liebsten abends, wenn er mit dem Meister Eder Brotzeit macht.

Zoo Endlich hat Pumuckl den Meister Eder überredet, mit ihm in den Zoo zu gehen. Vor lauter Freude hüpft er mit den Känguruhs, redet wie ein Papagei und trinkt den Leuten im Biergarten das Bier weg. Er hat viel Spaß, bis er zu den Meerschweinchen kommt … (siehe auch **Meerschweinchen**)

Zwerge mag Pumuckl nicht, und besonders keine Gartenzwerge. Deshalb sollte man ihn nie einen Zwerg nennen, auch wenn er ungefähr so groß ist.

Zwetschgen isst Pumuckl sehr gerne. Deshalb hört er nicht auf den Meister Eder, als der ihn vor Bauchweh warnt.

Zwicken Pumuckl zwickt Leute hauptsächlich dann, wenn sie etwas anfassen, was sie nicht anfassen sollen, zum Beispiel sein Bett oder seine Schaukel. Für den Meister Eder kann Pumuckls Zwicken manchmal recht peinlich sein.

Frühling

Sommer

Impressum

© 2002 Buchagentur. "Pumuckl" von Ellis Kaut.
Lizenz durch: MM Merchandising München GmbH.
www.merchandising.de
Pumuckl-Figur: Brian Bagnall, Barbara von Johnson (Originalentwurf), MM Merchandising München GmbH
Illustrationen: MM Creative Team
Geschichten: Ellis Kaut, nacherzählt von Ursula Bagnall

© 2002 Lizenzausgabe für den Südwest Verlag, München
in der Econ Ullstein List Verlag GmbH & Co.KG, München
www.suedwest-verlag.de
– Alle Rechte vorbehalten –
Projektleitung/Konzept/Redaktion: Dr. Harald Kämmerer
Autorin Partyteil: Petra Parsons
Umschlag, Grafik, Satz, Illustrationen/Fotos (Partyteil):
Regina Bocek, Christian M. Weiß, München
Produktion: Annette Aatz, Monika Köhler, Manfred Metzger
Printed in Slovenia
ISBN 3-517-06609-5